# Pythonで学ぶ
# ビジネスデータの
# 予測モデル

青沼君明［著］

一般社団法人 **金融財政事情研究会**

# はじめに

　実務におけるスキルとして、データ・サイエンティスト、AI、ディープ
ラーニング（深層学習）、Pythonなどという言葉が重要視されるようになっ
てきた。そして、企業経営に影響を与える要因の将来予測（フォワード・ルッ
キング）は、経営判断、経営戦略を考えるうえで、きわめて重要な課題とな
っている。

　本書は、Pythonやディープラーニング（深層学習）の基礎を学びながら、
ビジネスデータの将来予測をするために必要となるプログラミング例につい
て初学者向けに解説することを目的としている。ディープラーニング（深層
学習）はプログラム言語としてPythonを利用して実装されることが多いが、
その特徴として、さまざまな研究機関、研究者などが開発したライブラリを
効率的に利用可能なことがあげられる。

　一方で、そうしたライブラリを利用するためには、ライブラリの利用方法
に沿ったデータ（引数）の受渡しなどをプログラムに記述することが求めら
れる。ライブラリの利用には、むずかしいアルゴリズムのプログラムを自分
で開発する必要がないため、開発工数が大幅に削減できるというメリットが
ある。半面、たとえばPythonのバージョンアップにライブラリが未対応だ
ったり、ライブラリの利用方法が予告なしに変更になったりすることがある
ため、それまで動作していたプログラムが突然動かなくなってしまうことも
ある。そうした事象が発生した場合には、Pythonから出てくるエラーメッ
セージをキーとしてインターネット上でトラブルシューティングの方法を検
索することになる。

　AIやディープラーニング（深層学習）を実行するためには、Pythonや
Anacondaなどのソフトや、KerasやTensorflowといったツール（ライブラ
リ）群をインポートしてプログラムを作成する必要がある。しかし、システ
ム環境の違いによってツール群のインストールがうまく作動しないことや、
ツールのバージョンによってそれらの組合せにエラーが出ることもある。そ

こで本書では、Google社が提供するブラウザ上で稼働するPythonの実行環境Colaboratoryを利用して解説する。

　Google Colaboratoryは、Google Researchが提供する、Jupyter NotebookをベースとしたGoogleの仮想マシン上で動くPython開発環境である。Google Colaboratoryには、データ分析・科学計算・機械学習などに必要となる基本的なパッケージが設定ずみであり、ブラウザ上で直接Pythonを実行することができるので実行環境の構築が不要というメリットがある。また、他ユーザーとのプログラムの共有が可能であり、高速での並列処理を可能とするGPUやTPUのようなハードウエア機能を無料で使用することもできる。

　なお、Google Colaboratoryには、90分ルールと12時間ルールがあるので注意が必要である。90分ルールとは、最後のプログラム実行が終了してから90分が経過すると、それまで実行した結果がすべてクリアされるものである。ただし、クリアされるのは実行結果のみであり、作成したプログラム（コード）がクリアされることはない。12時間ルールでは、Google Colaboratoryのノートブックを起動してから12時間たつと、たとえプログラムを実行中であったとしてもすべてのセッションは強制的に切断されてしまう。

　本書では、第1章でPythonの実行環境であるGoogle Colaboratoryの利用方法と、Pythonによるデータ処理の基本、関数、オブジェクトなどについて解説する。第2章では、ディープラーニングとディープ・ニューラルネットワークの概念と課題について解説する。第3章では、ディープラーニングを用いて明日の為替レートを予測するプログラムの実装例を示す。第4章では、たとえば企業収益やリスク量の将来予測や、企業収益やリスク量がどのような要因（説明変数）によってどのくらい影響を受けるのかという分析に用いられる、線形回帰モデルの理論的背景と統計値の見方について説明する。第5章では、Pythonでグラフを作成する際に使用するライブラリ、matplotlibを用いて、実務でよく用いられる代表的なグラフの書き方について解説する。第6章では、線形回帰モデルを用いた為替レートを将来予測するプログラムの実装例を示す。

最後に、本書執筆の機会を与えてくれた一般社団法人金融財政事情研究会出版部の花岡博氏に心から感謝したい。もちろん、ありうべき誤りはすべて著者の責任に帰する。

　なお、本書は著者の個人的な見解から理論を例示したものであり、普遍的、合理的なモデルを紹介したものではない。したがって、実務で利用される場合には、自己責任のもと、十分な検討のうえでご利用いただきたい。

2022年7月

著　者

# プログラムの利用法

　本書で扱ったサンプルプログラムについては、「きんざい」のホームページからダウンロード可能です。ダウンロードしたプログラムをご自身のPC、Googleドライブなどに保存してご利用ください。

　Google Colaboratoryでプログラムを読み込むには、エディターとして「ノートブック」を利用します。Google Colaboratory上に保存したものではないプログラムを利用するには、ホーム画面の「ファイル」⇒「ノートブックをアップロード」をクリックし、

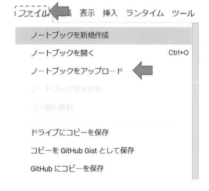

保存した場所とプログラムを指定します。

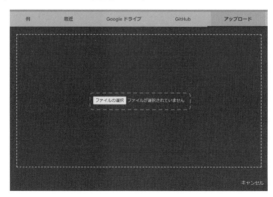

[購入者特典プログラム一覧]

(1) サンプルプログラム（拡張子.ipynb）

  第1章：example_1.ipynb

  第2章：example_2.ipynb

  第3章：example_3.ipynb

  第5章：example_5.ipynb

  第6章：example_6.ipynb

(2) 為替データ（拡張子.xlsx）

  為替データ.xlsx

(3) csv形式の為替データ（拡張子.csv）

  exchange_rate.csv


[ダウンロード方法]

　本書の読者に限り、以下のウェブサイトから、著者が作成したサンプルプログラム等をダウンロードできます。

　https://www.kinzai.jp/tokuten/

　〈パスワード〉3xVv4i3TZFti

　万一、実際の取引に利用し、そのために損失を被った場合でも、著者ならびに発行所はいっさいの責任を負いませんのでご了承ください。

　また、後日、本書の記述上の誤りが発見された場合には、「正誤表」を「きんざい」ホームページに適宜アップいたします。購入者特典プログラムに誤りが発見された場合には、前記「正誤表」にその旨を記載するとともに修正プログラムを購入者特典のウェブサイトにアップロードします。

# 著者紹介

青沼　君明（あおぬま　きみあき）

1977年　ソニー株式会社入社

1990年　三菱銀行（現、三菱UFJ銀行）入行

　　　　融資企画部　CPMグループ　チーフ・クオンツ

2019年3月退職

東京大学大学院 数理科学研究科 博士課程修了（数理科学博士）

〈アカデミック活動〉

　2001年～2003年　一橋大学大学院・国際企業戦略研究科　非常勤講師

　2004年～2019年　一橋大学大学院・経済学研究科　客員教授

　2003年～現在　　大阪大学大学院・基礎工学研究科　招聘教授

　2004年～現在　　東京大学大学院・数理科学研究科　客員教授

　2004年　　　　　京都大学大学院・経済学研究科　非常勤講師

　2014年～現在　　明治大学大学院・グローバルビジネス研究科　専任教授

〈著書〉

　①木島正明編（共著）（1998）『金融リスクの計量化〈下〉　クレジット・リスク』金融財政事情研究会

　②森平爽一郎編（共著）（2000）『ファイナンシャル・リスクマネージメント』朝倉書店

　③楠岡成雄・青沼君明・中川秀敏（2001）『クレジット・リスク・モデル—評価モデルの実用化とクレジット・デリバティブへの応用』金融財政事情研究会

　④青沼君明・岩城秀樹（2002）『Excelで学ぶファイナンス(3)　債券・金利・為替』金融財政事情研究会

　⑤木島正明・青沼君明（2003）『Excel&VBAで学ぶファイナンスの数理』金融財政事情研究会

　⑥今野浩・刈屋武昭・木島正明編（共著）（2004）『金融工学事典』朝倉書店

⑦杉山髙一・藤越康祝・杉浦成昭・国友直人編（共著）（2021）『統計データ科学事典（新装版）』朝倉書店

⑧青沼君明・市川伸子（2008）『Excelで学ぶバーゼルⅡと信用リスク評価手法』金融財政事情研究会

⑨青沼君明・村内佳子（2009）『Excel&VBAで学ぶVaR』金融財政事情研究会

⑩青沼君明・市川伸子（2009）『Excel&VBAで学ぶ金融統計の基礎』金融財政事情研究会

⑪青沼君明・村内佳子（2010）『Excel&VBAで学ぶ信用リスクの基礎』金融財政事情研究会

⑫青沼君明・村内佳子（2011）『Excelで学ぶ確率統計の基礎』金融財政事情研究会

⑬青沼君明・村内佳子（2012）『Excelで学ぶ金融数学の基礎』金融財政事情研究会

⑭青沼君明・市川伸子（2012）『Excelで学ぶフォワード・ルッキングの基礎』金融財政事情研究会

⑮青沼君明（2014）『企業数理のすべて―プランニングからリスクマネジメントへの応用』きんざい

〈訳書〉

①共訳（1992）『フィナンシャルエンジニアリング』ジョン・ハル著、金融財政事情研究会

②共訳（1995）『デリバティブ入門』ジョン・ハル著、金融財政事情研究会

③共訳（1998）『フィナンシャルエンジニアリング〔第3版〕』ジョン・ハル著、金融財政事情研究会

④共訳（2001）『フィナンシャルエンジニアリング〔第4版〕』ジョン・ハル著、金融財政事情研究会

⑤共訳（2005）『フィナンシャルエンジニアリング〔第5版〕』ジョン・ハル著、金融財政事情研究会

# 目　次

第 **1** 章

# AIやディープラーニングの
# 実行環境の設定と
# Pythonの基本

AIやディープラーニング（深層学習）を実行するためには、PythonやAnaconda などのソフトや、KerasやTensorflowといったツール（ライブラリ）群をインポートしてプログラムを作成するのが一般的である。しかし、システム環境の違いによってツール群のインストールがうまく作動しなかったり、ツールのバージョンによってそれらの組合せにエラーが出ることもある。本書では、Google社が提供するブラウザ上で稼働するPythonの実行環境Colaboratoryを利用する（プログラム・サンプル：example_1.ipynb）。

## ▍1.1　Google社のColaboratoryの利用

　Colaboratoryは、Google社が提供するブラウザ上のPythonの実行環境である。ここでは、Colaboratoryのごく基本的な利用方法について解説する。まず、ブラウザから、

　　　https://colab.research.google.com/

と入力すると、図1.1の「Colaboratoryへようこそ」が表示される。今後

図1.1　Colaboratoryのホーム画面

のために、このページをブラウザに登録しておく。

「接続」の▼をクリックすると図1.2の画面が表示されるので、ここでは「ホスト型ランタイムに接続」を選択する。

図1.3に示すように、Googleへのログインが求められるので、「ログイン」を押す。

図1.4に示す画面から、Googleアカウントとパスワードを登録。なお、

図1.2　接続メニュー

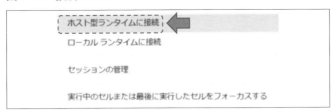

図1.3　Googleへのログイン画面

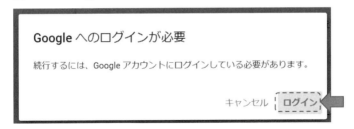

図1.4　Googleアカウントとパスワードの登録

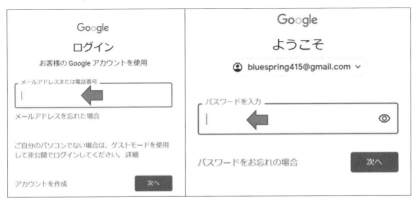

Googleアカウントがない場合は新規登録が必要となる。

次に、図1.5の画面でGoogleアカウントの同期を有効にする。

Colaboratoryでは、プログラムエディターとして「ノートブック」を利用する。ノートブックを新規作成するには、ホーム画面の「ファイル」⇒「ノートブックを新規作成」をクリックする（図1.6）。

図1.5　Googleアカウントの同期

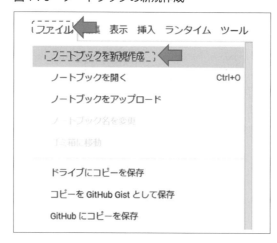

図1.6　ノートブックの新規作成

## 1.2　Pythonの実行と演算

Colaboratoryのノートブックのプログラム入力セル部分に、

```
print('今日は')
```

と入力し、[ Shift ]キーを押しながら[ Enter ]キーを同時に押すと、print
文が実行され、

今日は

と画面上に出力される（図1.7）。これに対し、[ Ctrl ]キーを押しながら
[ Enter ]キーを同時に押した場合も実行されるが、新しい入力セルは出てこ
ない。また、[ Enter ]キーのみを押した場合には、プログラム入力セル部分
が改行される。

　Pythonでは変数の型を指定する必要はなく、

　　変数名 = 値

で変数の型を自動認識する。

```
name = '佐藤'
print(name)    [ Shift ]  [ Enter ]
```

佐藤


図1.7　print文の実行

文字の場合、' ' で括る必要がある。

変数に数値を入力するには、

```
uriage = 12345678
print(uriage)    Shift   Enter

12345678
```

となり、

```
rieki = 0.548
print(rieki)    Shift   Enter

0.548
```

となる。nameの変数の型を確認するには、

```
type(name)    Shift   Enter

str
```

となり、文字であることがわかる。また、uriageの型は、

```
type(uriage)    Shift   Enter

int
```

となり整数であり、riekiの型は、

```
type(rieki)    Shift   Enter

float
```

であることがわかる。また、関数str（）は（）内の変数を文字に変換する。

6

```
riekis = str(rieki)
type(riekis)     [ Shift ]  [ Enter ]

str
```

（注意）　ソースコードを作成しているとき、以下のように「TypeError: 'str' object is not callable」というバグが出ることがある。

　　　　TypeError　Traceback（most recent call last）

　　　　<ipython-input-89-0bcfb5a72f3f> in <module>（）

　　　　----> 1 riekis=str（rieki）

　　　　　　　 2 type（riekis）

　　　　TypeError: 'str' object is not callable

　　これは、たとえば以下のように、ソースコードのなかで数値を文字に変換する関数の予約語strを変数名として利用してしまったときにエラーとなる。

　　　　str = 'test'

　　　　print（str）

　　　　print（str（12345））

　　原因自体は単純であるが、このバグが1度認識されると、ソースコードを正しく直しても、同じエラーがしばらく出てしまうことがあるという問題が報告されている。こうした状況が発生した場合、

　①ソースコード、Colaboratoryを閉じてから、立ち上げ直す。

　それでもだめなときには、

　②Colaboratoryを2つ立ち上げ、以前のソースコードを新しいソースコードとしてコピーし実行し直す。

　と正常に動作するようになる場合がある。

　Pythonで用いる変数の型を表1.1に示す。これらのプログラムを記したノートブックは、example_1としてダウンロード可能である。

　表1.2は、Pythonによる演算の表記をまとめたものである。左側は

表1.1　Pythonで用いる変数の型

| データ型 | 意味 |
|---|---|
| プール型 | TrueまたはFalseの2値で定義 |
| 数値 | 整数(int)、浮動小数点(float)など |
| 文字列 | 文字列(str) |
| リスト型 | 数字や文字を順番付きで格納できる(list)<br>例：list=[1,2,3,4]など |
| タプル型 | 書換不能(tuple)、辞書のキーなどに利用<br>例：tuple=(1,2,3,4) |
| 集合型 | 重複を許さず順序のないデータ列<br>例：set={1,2,3,4} |
| 辞書型 | Key-Valueの辞書(dict)<br>例：dict={'one':1,'two'2,'three':3} |

表1.2　Pythonによる演算

| Pythonによる記述 | | 実行結果 |
|---|---|---|
| 2+3 | #足し算 | 5 |
| 5-3 | #引き算 | 2 |
| 2*3 | #掛け算 | 6 |
| 6/2 | #割り算 | 3.0 |
| abs(-6.82) | #絶対値 | 6.82 |
| int(6.82) | #整数部分 | 6 |
| float(5) | #浮動小数点に変換 | 5.0 |
| pow(2,3) | #べき乗（2の三乗） | 8 |
| 2**3 | #べき乗（2の三乗） | 8 |
| 2**0.5 | #$\sqrt{2}$ | 1.4142135623730951 |

Pythonによる記述、右側は実行結果を示す。なお、プログラムの「#」より右側はコメントであり、プログラムに影響を与えない部分である。また、プログラムの実行命令となる Shift 　 Enter については省略して記載して

表1.3　mathモジュールを用いた演算

| mathモジュールを用いた記述 | | 実行結果 |
|---|---|---|
| math.sqrt(2) | #$\sqrt{2}$ | 1.4142135623730951 |
| math.exp(2) | #$e^2$ | 7.38905609893065 |
| math.log(25,5) | #$\log_5 25$ | 2.0 |
| math.log(math.e) | #$\log_e e$ | 1.0 |
| math.log10(1000) | #$\log_{10} 1000$ | 3.0 |
| math.log(9) | #$\log_e 9$ | 2.1972245773362196 |

いる。

　なお、指数関数、対数関数などを計算する場合には、数学の標準モジュールであるmathをインポートして利用する。

```
import math    # mathをインポート    [ Shift ]  [ Enter ]
```

　mathをインポートした後は、関数の前に「math.」をつけて入力する。何かのモジュールをインポートして使う際には、関数の前にモジュール名に「.」をつけて記述するのが基本的なルールである。

　表1.3は、mathモジュールを用いた演算例である。

## 1.3　データの形式

　Pythonで扱うデータ形式には、リスト型、タプル型、集合型、辞書型などの形式があり、目的によって使い分ける。

### (1)　リスト型の書式

　リスト型はデータの要素を順に並べたものであり、要素を［　］で囲むことでリスト型と認識される。

　　リスト名＝［要素0,要素1,……,要素n］

　リストに格納された要素を取り出すには、リスト名の後ろに参照したい要

素の番号（添字）を指定すればよい。Pythonで注意が必要なのは、添字は0から順に付与されるということである。

```
list = ['イヌ','ネコ','ウサギ','トリ']
print(list)    Shift    Enter
```

```
['イヌ','ネコ','ウサギ','トリ']
```

4番目の要素3を取り出すには、list[3] と指定する。

```
print(list[3])    Shift    Enter
```

```
トリ
```

リスト形式の、要素1と要素3の文字を結合する場合には、以下のとおり入力する。

```
print(list[1] + list[3])    Shift    Enter
```

```
ネコトリ
```

全角の日本語を取り扱う場合も同様に、以下のように記載する。

```
list = ['犬','猫','兎','鳥']
print(list)    Shift    Enter
```

```
['犬','猫','兎','鳥']
```

4番目の要素3を取り出すには、list[3] と指定する。

```
print(list[3])    Shift    Enter
```

```
鳥
```

要素1と要素3の文字を結合する場合には、以下のとおり入力する。

```
print(list[1] + list[3])    Shift    Enter
```

猫鳥

このデータに'馬'という要素を追加するには、以下のようにappendを用いる。

```
list.append('馬')    # 要素の追加
print(list)    Shift    Enter
```

['犬','猫','兎','鳥','馬']

'馬'は、要素4に格納されている。要素3の'鳥'を削除するにはdelを用い以下のように指定する。

```
del list[3]    # 要素の削除
print(list)    Shift    Enter
```

['犬','猫','兎','馬']

また、要素3の値は'馬'となっており、要素の番号が修正されていることがわかる。

```
print(list[3])    Shift    Enter
```

馬

さらに、要素2の値を数値に変更してみる。

```
list[2] = 100    # 要素の変更
print(list)    Shift    Enter
```

['犬','猫',100,'馬']

リスト型やタプル型では、番号や要素数を指定することで、データの一部を取り出すことや、要素の数を取得することができる。次の例では1番〜3番の要素を指定しているようにみえるが、実際には1番〜3番の手前まで（2番）の要素の取り出しを意味している。

```
list = ['犬','猫','兎','鳥']
print(list[1:3])    # 1番〜3番の手前までの要素の取り出し
              （スライス）   Shift    Enter
```

['猫','兎']

次に要素2以降の全要素を取り出す（スライス）には、以下のように指定する。

```
print(list[2:])    # 要素2以降の全要素の取り出し（スライス）
 Shift    Enter
```

['兎','鳥']

また、要素2より前の全要素の取り出し（スライス）をする場合は、

```
print(list[:2])    # 要素2より前の全要素の取り出し（スライス）
 Shift    Enter
```

['犬','猫']

とすればよい。さらに、要素の数を調べるには、lenという関数を利用する。

```
print(len(list))    # 要素数のカウント
```

4

## ⑵ タプル型の書式

タプル形式のデータは、要素を （） で囲むことでタプル型と認識される。

　　タプル名＝（要素0,要素1,……,要素n）

タプルに格納された要素を取り出すには、タプル名の後ろに参照したい要素の番号（添字）を指定すればよい。リスト型との違いは、リスト型は、要素の追加・変更・削除ができるが、タプル型はできないという点である。リスト型と同様に、要素の取り出し、要素の結合が可能である。タプル型のデータは、要素が （） で囲まれていたが、要素番号の指定は ［　］ が使われていることに注意が必要である。

---

```
tuple = ('イヌ','ネコ','ウサギ','トリ')
print(tuple)    Shift   Enter

('イヌ','ネコ','ウサギ','トリ')
```

---

要素3を取り出すには、tuple［3］ と指定する。

---

```
print(tuple[3])    Shift   Enter

トリ
```

---

リスト形式の、要素1と要素3の文字を結合する場合には、

---

```
print(tuple[1] + tuple[3])    Shift   Enter

ネコトリ
```

---

となる。

## ⑶ 集合型の書式

集合型（set）とは、順番をもたず、重複を許さない配列であり、要素をset関数の引数とするか、｜｜で囲むことで定義される。

リスト型のデータを作成する。

```
list = ['犬','猫','兎','兎','鳥']
print(list)     Shift    Enter
```

['犬','猫','兎','兎','鳥']

このデータに、set関数を適用すると、

```
uniq = set(['犬','猫','兎','兎','鳥'])
print(uniq)     Shift    Enter
```

{'兎','犬','猫','鳥'}

となる。また、||で囲むと、

```
uniq = {'犬','猫','兎','兎','鳥'}
print(uniq)     Shift    Enter
```

{'兎','犬','猫','鳥'}

となる。
　集合型の要素の追加はadd関数、削除はremove関数を使えばよい。

```
uniq = set(['犬','猫','兎','兎','鳥'])
uniq.add('馬')     # 馬を追加
print(uniq)     Shift    Enter
```

{'猫','鳥','兎','馬','犬'}

```
uniq.remove('兎')     # 兎を削除
print(uniq)     Shift    Enter
```

{'猫','鳥','馬','犬'}

　集合型データの場合には、積・和・差分などの計算が可能である。集合 a が集合uniqに含まれているかという包括関係は、issubset関数を用いて確認できる。

```
uniq = set(['犬','猫','兎','兎','鳥'])
a = set(['猫','兎'])
b = set(['猫','鳥'])
a.issubset(uniq)    # 集合aが集合uniqに含まれているか?
```
Shift  Enter

True

包括関係を、inを用いて確認すると、

```
'兎' in a    # 集合aに'兎'の要素は含まれているか?
```
Shift  Enter

True

となる。集合 b に対してissubset関数を用いると、

```
b.issubset(uniq)    # 集合bが集合uniqに含まれているか?
```
Shift  Enter

True

が得られる。
　inを用いると、

```
'兎' in b    # 集合bに'兎'の要素は含まれているか?
```

```
Shift   Enter
```

False

となる。集合 a と集合 b の積集合（共通部分）はintersection関数を用い、

```
print(a.intersection(b))    # 集合aと集合bの積集合（共通部分）
Shift   Enter
```

{'猫'}

となる。また、集合 a と集合 b の和集合（すべての要素）は、union関数を用いると、

```
print(a.union(b))    # 集合aと集合bの和集合（すべての要素）
Shift   Enter
```

{'兎','猫','鳥'}

が得られる。

　集合 a と集合 b の差集合は、difference関数を用いると、

```
print(a.difference(b))    # 集合aと集合bの差集合
                            （aのみに含まれる要素）
Shift   Enter
```

{'兎'}

となる。


## (4)　辞書型の書式

　辞書型のデータは、キー（Key）と値（Value）がワンセットで構成され、キーと値をセットした要素を｛｝で囲む。

```
dict = {'犬':1,'猫':2,'兎':3,'鳥':1}
print(dict)    Shift   Enter
```

```
{'犬':1,'猫':2,'兎':3,'鳥':1}
```

キーとして'猫'を指定すると、値が出力される。

```
print(dict['猫'])    # キーを指定して値を参照
Shift   Enter
```

```
2
```

辞書型のデータからキーをリスト型として取り出すには、

```
print(dict.keys())    # キーをリスト型として取り出す
Shift   Enter
```

```
dict_keys(['犬','猫','兎','鳥'])
```

とすればよい。

また、辞書型のデータから値をリスト型として取り出すには、以下のように指定する。

```
print(dict.values())    # 値をリスト型として取り出す
Shift   Enter
```

```
dict_values ([1,2,3,1])
```

辞書型のデータに要素を追加するには、

```
dict = {'犬':1,'猫':2,'兎':3,'鳥':1}
dict['馬'] = 4    # キーを'馬'、値を4として追加
```

```
print(dict)    Shift   Enter
```

```
{'犬':1,'猫':2,'兎':3,'鳥':1,'馬':4}
```

と指定する。

辞書型のデータから要素を削除するには、pop関数を用いる。

```
dict.pop('猫')    # キーが'猫'の要素を削除
Shift   Enter
```

```
2
```

```
print(dict)    Shift   Enter
```

```
{'犬':1,'兎':3,'鳥':1,'馬':4}
```

キー'鳥'の値を5に変更するには、

```
dict['鳥'] = 5    # キーが'鳥'の値を5に変更
print(dict)    Shift   Enter
```

```
{'犬':1,'兎':3,'鳥':5,'馬':4}
```

となる。

## ▌1.4  文字列の連結と定式化

文字列を連結するには、'+'を用いると、

```
dog = '犬'
cat = '猫'
print(dog + cat)    # 文字列の連結    Shift   Enter
```

犬猫

となり、空の文字列にjoin関数を用いると、

```
animal = ['犬','猫','兎','鳥']
strbu = ''      # 空の文字列（= 区切り文字なし）
print(strbu.join(animal))    # リストの連結
```
Shift  Enter

犬猫兎鳥

となる。また、','の文字列にjoin関数を用いると、

```
animal = ['犬','猫','兎','鳥']
strbu = ','     # ','の文字列
print(strbu.join(animal))     # リストの連結
```
Shift  Enter

犬,猫,兎,鳥

文字列を繰り返して連結する場合は、'*'を用いて回数を指定すればよい。

```
strbu = dog * 3     # 連結回数を指定した連結
```
Shift  Enter
```
print(strbu)
```

犬犬犬

format関数を用いると、文字列を定式化（フォーマット）できる。format
関数で入力値を指定し、それらの出力場所を{ }で指定する。

```
print('{}{}:売上{}万円'.format('銀座','店',100))
```

銀座店:売上100万円

{ }内にformat関数で入力した値の番号を指定すると、

```
print('{0}{1}:売上{2}万円'.format('銀座','店',100))
```

銀座店:売上100万円

となる。

また、format関数で入力した値を変数として与えると、

```
print('{a}{b}:売上{c}万円'.format(a = '銀座',b = '店',c = 100))
```

銀座店:売上100万円

となる。

# 1.5　関数の作成

　関数の定義とは、処理をする手順を明記したものであり、何かのデータ値を引数として入力すると、その手順に従って処理をして出た結果の値を戻り値として返すものである。関数を定義（def）すると、同じ処理を繰り返し実行することができる。関数にデータを引き渡したり、逆に関数からデータを受け取る役割をするのが引数であり、'def 関数名（引数）'のかたちで指定される。なお、関数の定義の最後には':'をつける。関数は複数の処理が記述されるが、Pythonでは関数の範囲をインデント（字下げ）によって認識する。Colaboratoryでは、自動的に2文字分のインデントが設定される。以下の例は、helloという関数を引数なしで定義したものである。すなわち、

helloという関数は、'こんにちは'とプリントする（2文字分のインデントが設定）。hello（）はこの関数を実行するものだが、インデントが解除されており、print（'こんにちは'）までが関数の定義となっている。

```
def hello():
    print('こんにちは')    # インデント（字下げ）が必要
hello()    [ Shift ]  [ Enter ]
```

こんにちは

---

次の例は、hello（）関数の引数にmemberという関数を指定して、'こんにちは' + member + '!'という処理の結果をprintすると定義。引数memberに'田中さん'を指定してhello（）関数を実行すると以下の結果が得られる。

```
def hello(member):
    print('こんにちは' + member + '!')
                        # インデント（字下げ）が必要
hello('田中さん')    [ Shift ]  [ Enter ]
```

こんにちは田中さん！

---

関数では複数の引数を取り扱うことも可能であり、戻り値（返り値）も定義可能である。

```
def hello(person,greeting):
    print(greeting + ',' + person + 'さん!')
hello('佐藤','こんばんは')    [ Shift ]  [ Enter ]
```

こんばんは，佐藤さん！

---

関数の処理結果を、呼び出し元に「戻り値」として返すには、関数の最後の「return 戻り値（たとえばnamegre）」で処理結果を返すことができる。

なお、戻り値は、関数内で使われている変数を設定するのが一般的である。次の例は、return_greetという関数を定義したものだが、この関数はname1、name2、name3という3つのパラメータを引数として与えるということを意味している。たとえば、この引数に'佐藤', '山田', '鈴木'という3人の名前が指定されると、この関数はこの3つのパラメータから、以下の式（文字列の結合）によって、namegreという変数を作成する。

> namegre=name1+'さん、'+name2+'さん、'+name3+'さん、とても良い成績です!'

この関数に、引数である'佐藤', '山田', '鈴木'という3人の名前を入れると、

> namegre='佐藤さん、山田さん、鈴木さん、とても良い成績です!'

となり、このnamegreの値を戻り値として関数の処理をreturn namegreで利用する。

```
def return_greet(name1,name2,name3):
                          # 3つのパラメータを持つ関数
    namegre=name1 +'さん、' + name2 + 'さん、'+ name3 + 'さん、
    とても良い成績です!'
    return namegre      # 処理した文字列を戻り値として返す
```
( Shift ) ( Enter )

```
outname=return_greet('佐藤','山田','鈴木')
                          # 引数を3つ設定して関数を呼び出す
    print(outname)      # 関数の戻り値を出力
```
( Shift ) ( Enter )

佐藤さん、山田さん、鈴木さん、とても良い成績です!

## 1.6　if文の処理

if文は、条件式が真（True）だったら処理Aを、偽（False）の場合は処

理Bを実行するものであり、else以下は偽（False）の場合の処理を示す。if
の部分とelseの部分には':'をつけ、処理Aの内容を記述する部分はインデン
トする。真（True）のときだけの処理であれば、else: 処理以下の記述は不
要である。

 if 条件式:
  処理A
   ⋮
 else:
  処理B
   ⋮

以下に、このif文を関数に組み込み、引数としてvalueとbasisを指定した
例を示す。str関数は、データを文字列として取り扱う。

```
def large(value,basis):
  if value >= basis:
    print(str(value) + 'は、基準' + str(basis) + '以上')
                                              # 処理A
  else:
    print(str(value) + 'は、基準' + str(basis) + 'より小さい')
                                              # 処理B
large (256,100)    Shift   Enter

256は、基準100以上
```

```
large (100,100)    Shift   Enter

100は、基準100以上
```

```
large (75,100)    Shift   Enter

75は、基準100より小さい
```

次の例は、リスト（list）に特定の単語（keyword）が含まれているか確認する関数を、if文を使って作成したものである。

```
def include(list,keyword):
  uniq = set(list)
  if keyword in uniq:     # uniqにkeywordが入っているか?
    print(keyword + 'が含まれる')     # 処理A
  else:
    print(keyword + 'が含まれない')     # 処理B
include(['犬','猫','兎','鳥'], '猫')     ［Shift］ ［Enter］
```

猫が含まれる

---

```
include(['犬','猫','兎','鳥'],'馬')     ［Shift］ ［Enter］
```

馬は含まれない

---

条件式に用いる比較演算子を表1.4にまとめる。

表1.4　条件式に用いる比較演算子

| 比較演算子 | 内容 | 記述方法 | 内容 |
|---|---|---|---|
| == | 等しい | x == Y | x と y の値が等しければTrue、それ以外はFalse |
| != | 異なる | x != y | x と y の値が等しくなければTrue、それ以外はFalse |
| > | 大きい | x > y | x が y の値より大きければTrue、それ以外はFalse |
| < | 小さい | x < y | x が y の値より小さければTrue、それ以外はFalse |
| >= | 以上 | x >= y | x が y の値以上であればTrue、それ以外はFalse |
| <= | 以下 | x <= y | x が y の値以下であればTrue、それ以外はFalse |
| is | 同じ オブジェクト | x is y | x と y が同じオブジェクトであればTrue、それ以外はFalse |
| is not | 異なる オブジェクト | x is not y | x と y が同じオブジェクトでなければ、True、それ以外はFalse |
| in | 要素である | x in y | x が y の要素であればTrue、それ以外はFalse |
| not in | 要素ではない | x not in y | x が y の要素でなければTrue、それ以外はFalse |

```
x = 3
x    [ Shift ]  [ Enter ]

3
```

```
x == 3   [ Shift ]  [ Enter ]

True
```

```
x == 5   [ Shift ]  [ Enter ]

False
```

## 1.7  while文の処理

　while文は、イテレート可能なオブジェクト（リストなどのプログラムで
扱う要素）に対し、条件に合致する間は同じ処理を繰り返す。イテレート
（iterate）とは、「繰り返し処理する」ということで、イテレート可能とは、
オブジェクトのなかから順に値を取り出せるという意味である。以下の例
は、引数であるtotalを指定すると、初期値が0であるnumの値を1つずつカ
ウントアップし、numの値がtotalになるまで処理を繰り返す関数count
（total）を定義したものである。

```
def count(total):
  num = 0
  while num<= total:
    print(num)
    num = num + 1
count(5)   [ Shift ]  [ Enter ]
```

```
0
1
2
3
4
5
```

## 1.8 for文の処理

for文は、カウンター変数 i が0から指定された数まで、1ずつ増やしていく（指定回数分繰り返す）処理である。以下の例は、i が0から引数num で指定された数まで1ずつ増やし、その値をprintする関数count（total）を定義したものである。

```
def count(num):
  for i in range(num):
    print(i)
count( 5 )  [ Shift ] [ Enter ]

0
1
2
3
4
```

次の例は、リスト、タプル、辞書型、文字列を引数として渡すと、要素を1個ずつ表示するelement（array）関数を定義したものである。

```
def element(array):    # シーケンスの中身を列挙する関数を定義
```

```
  for i in array:      # arrayの中身を1個ずつ取り出す
    print(i)
element([1,2,3])     # リストを引数に渡す    Shift    Enter

1
2
3
```

```
element((1,2,3))     # タプルを引数に渡す    Shift    Enter

1
2
3
```

```
element({'犬':1,'猫':2,'兎':3})
                # 辞書型のデータを引数に渡す
    Shift    Enter

犬
猫
兎
```

```
element('cat')     # 文字列を引数に渡す    Shift    Enter

c
a
t
```

繰り返しの途中でfor文を終了するには、breakを入れればよい。

```
def stop(array):      # シーケンスの中身を列挙する関数を定義
  for i in array:      # arrayの中身を順にチェック
    if i > 100:      # 100より大きい数値になった場合
      break      # breakにより、for文を抜ける
    print(i)
stop([12,56,48,32,96,84,79,106,55,23])      [ Shift ]  [ Enter ]
```

12

56

48

32

96

84

79

---

また、繰り返しの途中でスキップすることも可能である。

```
def skip(array):
  for i in array:      # arrayの中身を順にチェック
    if i > 100:      # 100より大きい数値になった場合
      continue      # continueにより、for文を続ける
    print(i)
skip([12,56,48,32,96,84,79,106,55,23])      [ Shift ]  [ Enter ]
```

12

56

48

32

96

84

79

55

23

---

## ▌1.9　オブジェクト指向とは

　Pythonは「オブジェクト指向」型のプログラミング言語である。「オブ
ジェクト指向」とは、プログラムを最初からの手順ではなく、「クラス（オ
ブジェクト）」を作成し、その「クラス」を操作するプログラムを書くとい
うイメージのものである。クラスには、オブジェクトを操作するための方法
（メソッド）が入っている。たとえば、ゴーカート・ゲームで、まずカート
を「クラス」としてプログラムを作成する。次に、色を「クラス」としてプ
ログラム、さらにAボタンがアクセル、Bボタンがブレーキという「クラ
ス」をプログラムする。全体のプログラムは、これらのクラスを組み合わせ
ることで作成する。

　メソッドを呼び出すと、実行元のオブジェクトの情報がselfに渡される。

オブジェクト .メソッド（）　　⇦メソッドの呼び出し


メソッド（ self ）：　　　　　⇦メソッドの本体

　パラメータを必要としないメソッドであっても、オブジェクトを受け取る
パラメータだけは必要となる。ここで、クラスをインスタ化してメソッドを
呼び出す例を示す。

〈testクラスの作成〉

```
class test:
  def show(self,val1):     # show()メソッドの定義
    print(self,val1)     # selfとval1を出力
```
 Shift 　 Enter 

〈testクラスをインスタ化してメソッドを利用〉

```
test = test()          # testクラスをインスタ化してオブジェクト
                         の参照を代入
test.show('こんにちは')     # testオブジェクトから引数を設定して
                         show()メソッドを実行
[ Shift ]  [ Enter ]
```

```
<__main__.test object at 0x7fb94107a450> こんにちは
```

メソッドの呼び出しと引数の例を示す。

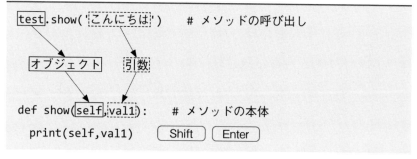

```
<__main__.test object at 0x7fb94107a450> こんにちは
```

showメソッドでは、2つのパラメータの値を出力する。この場合は、self
パラメータの値は<__main__.test object at 0x7fb94107a450>であり、
「0x7fb94107a450」がtestクラスのオブジェクトの参照情報（メモリアドレ
ス）を示している。

　クラスからオブジェクトがつくられた後で、オブジェクトを初期化するに
は、
＿＿int＿＿()メソッドを利用する。
〈初期化のための処理〉

```
def _ _ int _ _(self, パラメータ, ....)
```

　インスタンス変数とは、インスタンス（オブジェクト）が独自にもってい

る情報を格納するための変数である。1つのクラスからオブジェクトはいくつも作成可能であり、それぞれのインスタンスは、それぞれ独自の情報を保有することが可能である。

＿＿int＿＿() メソッドでインスタンス変数への代入を行う。

```
class test2:
  def _ _ init _ _ (self,val1):
    self.val1 = val1
  def show(self):
    print(self.val1)    # self.valを出力    [Shift] [Enter]
```

パラメータselfには、呼び出し元であるクラスのインスタンスが渡されているので、「self.val」は「インスタンスの参照.val」という意味となり、インスタンスが保持しているval変数を指す。

```
test2 = test2('こんにちは')    # test2をインスタンス化
test2.show()    # test2オブジェクトからshow()メソッドを実行
[Shift] [Enter]
```

こんにちは

# 1.10　ノートブックの保存

作成したノートブックの名前を変更するには、Colaboratoryに表示されているノートブック名をクリックし、任意の名前を入力すればよい（拡張子ipynbは変更不可）（図1.8）。

Colaboratory上にノートブックを保存するには、「ファイル」から「保存ボタン」を押す（図1.9）。また、ローカルPC上に保存するには「.jpynbをダウンロード」を押すと、PCの「ダウンロード」にファイルがダウンロードされる（図1.10）。

図1.8　ノートブック名の変更

図1.9　ノートブックの保存

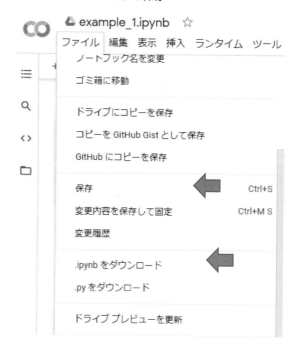

　Colaboratoryに保存しているノートブックを読み込むには、「ファイル」から「ノートブックを開く」をクリックする（図1.11）。

　これまで、保存していたファイル一覧が表示されるので、該当するファイルを選択する（図1.12）。ただし、Colaboratoryに保存可能なデータ期間、保存容量には制約があるので注意が必要である。

　ローカルに保存しているノートブックを読み込むには、「ファイル」から「ノートブックをアップロード」をクリックし、ノートブックの保存先の該

図1.10　ダウンロードファイルの確認

図1.11 ノートブックの読み込み

図1.12 Colaboratoryから対象ノートブックの選択

図1.13　ローカルPCに保存しているノートブックの選択

当ファイルを選択する（図1.13）。

# 1.11　ま と め

　本章では、Pythonの実行環境としてブラウザ上で実行可能なGoogle社が提供するColaboratoryの利用方法を示した。そして、Pythonでデータ処理するための基本、関数、オブジェクトなどについて解説した。自身のパソコンにPythonの実行環境を構築するには、たとえばAnacondaをインストール

するという方法もある。Colaboratoryを利用するメリットとしては、パソコンがネットワークにつながりさえすれば、どこでもプログラムの作成・実行ができるという点である。Pythonを用いて、AIやディープラーニングを実行するためには、さまざまな組織や人が開発したライブラリなどを組み合わせて使うのが一般的である。しかし、こうしたライブラリは善意の仕様変更が行われることが多く、バージョンが変更されると、以前作成していたプログラムが突然動かなくなるということもある。この点が、オブジェクト指向のフリーソフトであるPythonのむずかしさともいえる。

# 第 **2** 章

## ディープラーニングの基礎

ディープラーニングは、人間の神経細胞に似たニューロン（基本単体となる神経細胞）を構造的につなげることで、人間の神経回路を模した多層のニューラルネットワークをつくり、それを流れる信号量のルールを自動生成するものである。ニューラルネットワークの構造を複雑にすれば、入力データの値から出力データ（正解データ、教師データ）の再現精度を高めることができる。しかし、たとえば将来の企業収益率を被説明変数（$y(t)$）、為替（$x_1(t)$）、GDP（$x_2(t)$）などのマクロ経済指標を説明変数とする重回帰モデル

$$y(t) = a + b_1 \cdot x_1(t) + b_2 \cdot x_2(t) + e(t)$$

では、為替$x_1(t)$の水準が企業収益率$y(t)$に与える影響度（感応度）を明示することができるのに対し、ディープラーニングはパターン学習であり、因果関係を把握することはむずかしい（プログラム・サンプル：example_2.ipynb）。

## ▍2.1　ディープラーニングとは何か

　ディープラーニングの代表的な例題として、手書き文字の自動認識が有名である。たとえば、図2.1に示す数字の画像は、人には「5」と「6」と判別できる。しかし、こうした数字のパターンをコンピュータに教え込んだとしても、それ以外のパターンを正しく判別することはむずかしい。

　ニューラルネットワークではたくさんの手書き文字とその正解（教師）

図2.1　手書き文字の認識

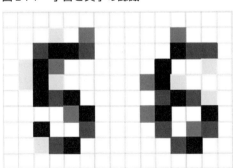

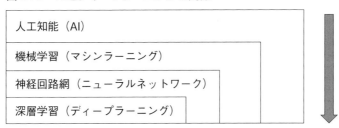

図2.2　AIとディープラーニングの関係

人工知能（AI）

機械学習（マシンラーニング）

神経回路網（ニューラルネットワーク）

深層学習（ディープラーニング）

データ数字を読み込ませることで自ら学習し、人が教え込まなくても手書き文字を判別することが可能となる。図2.2はAIとディープラーニングの関係をイメージ的にとらえたものである。

## ▌2.2　ニューロンとパーセプトロン

　ニューロンとは、動物の神経細胞の働きをコンピュータ上で表現するものである。神経細胞は、樹状突起という部分で、他の細胞からの複数の信号を受け取り、それらの入力値の合計がある一定値に達すると信号を発する（発火する）。ニューロンでは、送られてきた信号の総和を計算し、その総和があらかじめ定められた閾値を超えた場合に信号1を出力する（ニューロンの発火）。パーセプトロンとは、複数の入力信号$x_i$を受け取り、それぞれの信号に対してのウエイト$w_i$を掛け、それらの総合計が閾値$b$を超えたときに$y$から信号1を出力することである。このイメージを示したのが図2.3である。また、シナプスとは、ニューロンの接合部分のことをいう。

　パーセプトロンの原理を式で表すと、（2.1）式のようになる。

$$y = \begin{cases} 1 & x_1 \times w_1 + x_2 \times w_2 > b \text{のとき} \\ 0 & x_1 \times w_1 + x_2 \times w_2 \leq b \text{のとき} \end{cases}, w_i > 0 \qquad (2.1)$$

　（2.1）式の意味は、入力信号$x_1$と$x_2$が与えられウエイト$w_1, w_2$が決められると、

$$x_1 \times w_1 + x_2 \times w_2$$

図2.3 ニューロンのイメージ

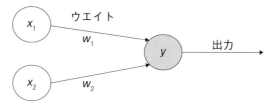

表2.1 AND演算

| $x_1$ | $x_2$ | $y$ |
|---|---|---|
| 0 | 0 | 0 |
| 0 | 1 | 0 |
| 1 | 0 | 0 |
| 1 | 1 | 1 |

で計算される値が $b$ よりも大きいときに $y$ の出力値は 1、逆に $b$ 以下のときに $y$ の出力値は 0 となることを意味している。

　複数の入力信号 $x_i$ には、それぞれ固有の重み $w_i$ が与えられ、この重みが大きい入力信号ほど、出力 $y$ に大きな影響を与える。

　AND演算とは、2つの入力値 $x_1$, $x_2$ が両方とも 1 の時にのみ出力 $y$ の値を 1、それ以外は 0 とする演算のことである（表2.1）。

　AND演算をパーセプトロンの式で実現するには、たとえば、（2.1）式で、$w_1 = 1$, $w_2 = 1$, $b = 1$ とすればよい。

$$y = \begin{cases} 1 & x_1 + x_2 > 1 \text{のとき} \\ 0 & x_1 + x_2 \leq 1 \text{のとき} \end{cases} \qquad (2.2)$$

　AND演算では入力値 $x_1$, $x_2$ が両方とも 1 であるため、AND演算を実現するためには、

　　$w_1 = 0.5$, $w_2 = 0.5$, $b = 0.6$

でもよく、$w_1$, $w_2$, $b$ の組合せは無限に存在する。

## 2.3　ディープラーニングの基本

　ニューロンを階層的に結合したニューラルネットワークで、入力層、中間層、出力層という階層がより深く、4層以上あるものをディープ・ニューラルネットワーク（DNN：Deep Neural Network）と定義する。図2.4は通常の階層型ニューラルネットワークの例であり、入力層、中間層、出力層という3層で構成されている。これに対し、図2.5に示した例は入力層、5層の中間層、出力層という全7層のディープ・ニューラルネットワークとな

図2.4　通常の階層型ニューラルネットワーク

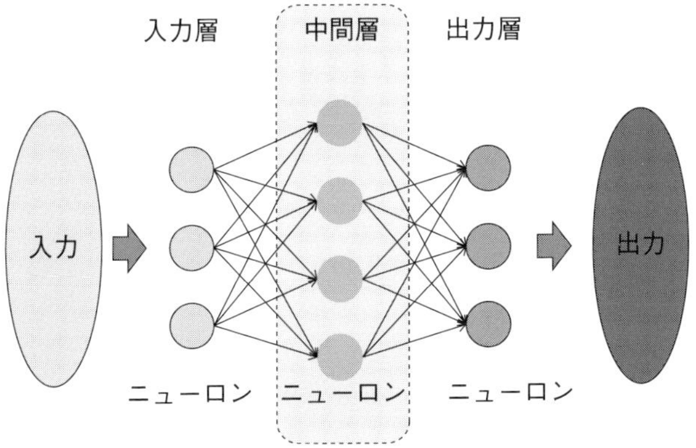

図2.5　ディープ・ニューラルネットワーク

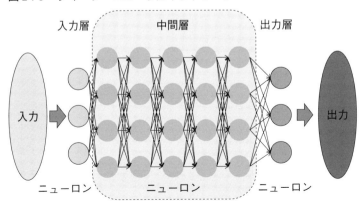

っている。

# 2.4 人工知能の発展過程

## (1) 第1次人工知能ブーム

　AI（人工知能）とはArtificial Intelligenceの頭文字をとったものであり、1956年のダートマス会議で初めて使われた言葉である。1950年代～1970年代、コンピュータを利用することで従来の手作業や計算処理を自動化する流れが起きた。これは、コンピュータで自動処理するためのルールを作成するものであり、「A」ならば「B」という、ルールに基づくアルゴリズムを開発するものであった。こうしたルールベースの人工知能のことを、オートマトン（Automaton）と呼ぶ。オートマトンの定義は、入力 $x$ に対して出力 $y$ を想定するものであり、内部状態 $m$ に応じて、出力 $y$ が変化するアルゴリズム $f(x, m)$ を構築するものである。図2.6は、「YES」という単語をオートマトンによって認識する流れを示している。

図2.6　YESという単語を解析するオートマトン

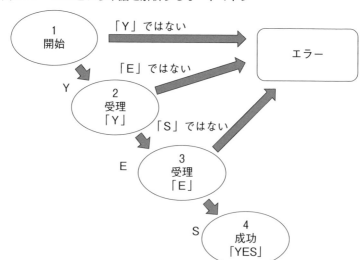

当時は、コンピュータを活用して推論や探索をすることによって、ある特定の解を導き出すことができるようになったが、人間が考える課題をAIが直接的に解決することができなかったため、このブームは下火となっていった。

　この時期、ニューロンを連続的に構成した、原始的なニューラルネットワークの一種である、パーセプトロンの概念が生まれた。図2.7は、1個のニューロンからなる単純パーセプトロンを示したものである。

　図2.8は2層のパーセプトロンを示している。重み$w_{ji}^{(k)}$は、$k$層目の$j$番目のニューロンに対し、それ以前の状態$i$から出力された信号に対して掛けられるウエイトである。

　さらに、図2.9は3層のパーセプトロンを表している。

図2.7　単純パーセプトロン

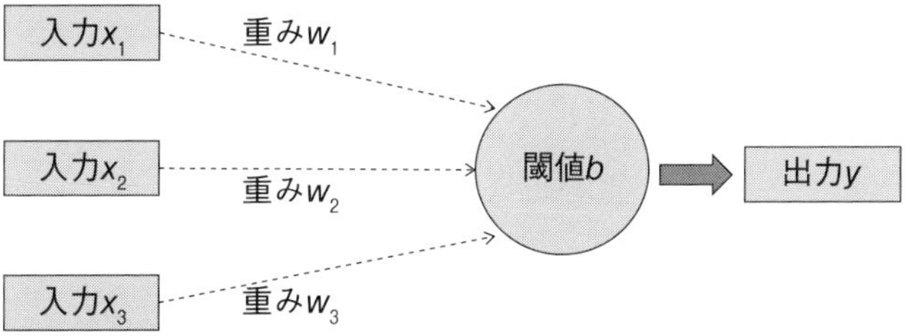

図2.8　2層のパーセプトロン

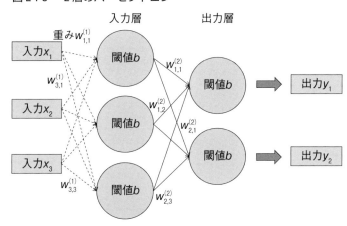

図2.9　3層のパーセプトロン

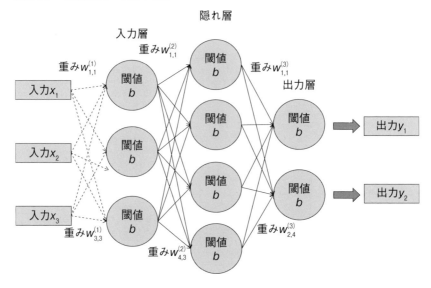

(2)　第2次人工知能ブーム

　1980年代に入ると、目的の情報を高速に検索できるシステムの開発が盛ん
になり、情報検索、データマイニング、リレーショナルデータベースなどの
開発が盛んに行われた。知識データベースとは、人間の知識や経験をデータ
ベースに格納し、その検索を可能とし、知識を組織化してコンピュータ上で
集合させたものである。これとルールベースのプログラムとを連結すること
で、人間に近い人工知能を実現しようという試みである。また、エキスパー
トシステムとは、特定の領域で活用できる人工知能を実現するための知識
ベースシステムであり、コンピュータチェス（ディープブルー）の登場が代
表的なものである。それは「もしAならばBである」という条件のもとで、
人間が推論する可能性のある知識をコンピュータに記録させていくことによ
ってつくられたAIである。専門的な知識を入力すればするほどAIはより多
くの情報のなかから適切な答えを導き出せるが、自ら考えることはできず、
膨大な情報を入力しなければならないという課題もあった。また、ルール化
されたプログラムに該当しない場合には、問題解決に至らない場合もあっ

た。

## (3) 第3次人工知能ブーム

　1990年代になると、コンピュータ性能の爆発的な向上、インターネット環境の進展により、情報量が一気に増加した。2000年代のスマホの普及とビッグデータ時代の到来により、第3次AIブームが起きた。特に、膨大なビッグデータのなかから必要な情報を選び学習する「機械学習（Machine Learning）」が注目されるようになった。機械学習とは、コンピュータ上のデータを利用し、アルゴリズムを用いて学習していくものであり、「強化学習」「教師あり学習」「教師なし学習」などに分類される。さらに、2012年に開催された画像認識大会で、トロント大学のチームの深層学習（Deep Learning：以下、ディープラーニング）を利用した「AlexNet」が、他のチームと比較して圧倒的に高い認識精度を示したことから、ディープラーニングがさまざまな局面で利用されるようになってきた。ディープラーニングは、必要十分なデータがあれば、コンピュータが自動的にデータの特徴を明らかにする学習のことである。そして、ディープラーニングの仕組みを支えているのがニューラルネットワークであり、人間の神経細胞（ニューロン）にまねた構造をコンピュータ上で構築することで、人間の脳と同じような解決法を見出すものである。学習を階層化することで、より複雑な問題にも対応できるようになってきており、画像認識、音声認識、時系列データの解析などに利用されてきている。ただ、適用分野によってアルゴリズムが異なるため、最適なアルゴリズムを検討することが重要となっている。

## ▌2.5　誤差逆伝播法（バックプロパゲーション）

　誤差逆伝播法（バックプロパゲーション）とは、ニューロンからの出力結果 $y$ と正解データ $\hat{y}$ との誤差 $e$ を重み $w_i$ で偏微分した $\partial e / \partial w_i$ を、元の重み $w_i$ に加えることで誤差 $e$ の調整分を重み $w_i$ に反映させる。

$$w_i := w_i + \frac{\partial e}{\partial w_i} \qquad (2.3)$$

（2.3）式の:=は、右辺の計算結果で左辺の$w_i$を置き換えることを意味している。そのイメージを示したのが図2.10である。

4層以上の深層ニューラルネットワークの場合でも、誤差逆伝播法を用いると局所最適化（ある範囲では最適解になっていても、それ以外の範囲では最適解となっていない）や勾配消失問題（多層化したニューラルネットワークでは、学習は予測値と実際の値の誤差を最小化するように進展するが、活性化関数の勾配がゼロに近づくことで、ネットワークの重み付けの修正がむずかしくなり、結果的に層数が増えるほど学習が困難となるという現象）が発生する可能性がある（図2.11）。ディープラーニングの過学習（訓練データを学習すればするほど、訓練データの説明力が高くなるが、訓練データ以外のデータについてはかえって説明力が低くなる）という問題と、この勾配消失問題に十分注意する必要がある。

勾配消失問題は、活性化関数が何度も作用することにより勾配が小さくなりすぎることによって発生する。かつてはニューラルネットワークの活性化関数として2.8節で述べるシグモイド関数が多く使われていた。しかし、シグモイド関数の微分はかなり小さくなることが多く、勾配消失を起こしやすい関数であることから、そうした現象を解決することができるReLU関数（2.9節で解説）を用いることが多くなってきた。ReLU関数の場合、入力が0を超える限り、微分値は常に値1となるため、誤差逆伝播の際の勾配が消

図2.10　誤差逆伝搬法

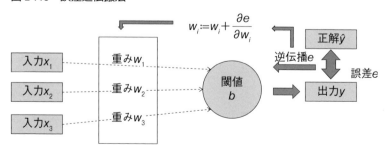

46

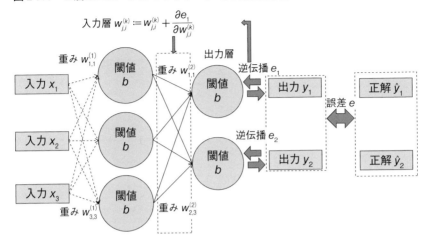
図2.11　2層のニューラルネットワークでの誤差逆伝播法

失しにくいという特徴がある。

## 2.6　機械学習の処理

　ディープラーニングとは、多層ニューラルネットワークで構成される機械学習であり、学習の仕方によってさまざまな形態がある。

### (1)　教師あり学習と教師なし学習

① 教師あり学習

　各データに対応する正解を与えて学習するものであり、決定木、サポートベクトルマシンなどで利用され、コンピュータに高速かつ高精度に分類や判別を行わせることができる。

② 教師なし学習

　正解を与えずに、データそのものを学習するものであり、オートエンコーダーと呼ばれる。未知のデータを理解しやすくするための分析や、教師あり学習のための前処理としても活用される。

## ⑵ 強化学習

強化学習とは、以下のような学習手順である。

① 機械学習を用いたプログラムにデータを与える。

② プログラムから出力されたアウトプット（データ出力）に対し、それが
どの程度好ましいかを評価する。

③ 評価値ができるだけ高くなるように調整していく。強化学習の場合に
は、入力データに対応した直接的な正解データを用意する必要はないのが
特徴である。

## ⑶ ルールベース・知識ベース

機械学習を用いたプログラムを、ユーザーが考えたルールに基づいて動作
するように実装するものである。この場合、設計者による試行錯誤が必要と
なる場合もあるが、すでに方法論が確立されている場合は、コンピュータに
よる学習時間が削減可能となる。

## ⑷ 統計的機械学習

統計学は、母集団と標本の間に存在する確率分布に着目したものである。
統計的機械学習とは標本データが母集団から確率的に得られると考え、デー
タの生成過程を確率分布を用いてモデル化したうえで、モデルの学習やモデ
ル選択自体の学習を行うものである。

## ⑸ 前処理と特徴抽出

機械学習では、生データを直接取り込んで学習するのではなく、プログラ
ムで利用可能なデータ形式に変換して取り込むことが多い。これは、特徴抽
出と呼ばれるもので、学習に必要な特徴を抜き出す処理のことである。これ
に対し、ディープラーニングではこうした特徴抽出をしなくても、十分な性
能が得られることが多い。

⑹　バッジ学習とオンライン学習

　バッジ学習では、複数のデータをまとめて学習し、学習が正しく行われたかどうかの判定をまとめて行いフィードバックするため、高速処理が可能となる。これに対し、オンライン学習では、入力データを学習するたびに、学習が正しく行われたかどうかの判定を行い、フィードバックするため、トータルの学習時間はかかるが、徐々にレベルアップ可能である。このため、ユーザーとの対話やインタラクションがあるサービスで利用されている。


⑺　性能評価

　機械学習の性能評価には、以下のような観点がある。

①　学習時間：プログラムがデータを学習するのに要する時間であり、データ量が多くデータが複雑であるほど学習時間は増大する。

②　判定時間：対象となるデータを判定するのに要する時間である。判定時間に制約がある適用分野も多い。

③　判定精度：判定精度は、精度（Accuracy）、誤り率（Loss）、再現率（Recall）、適合率（Precision）、偽陽性（False Positive）、偽陰性（False Negative）で判断される。


⑻　汎化能力

　機械学習のアルゴリズムを実装したプログラムは、学習を繰り返すほど説明力（精度）が上昇し、場合によっては100％説明可能となる。しかし、この学習は特定の入力データに対して行ったものであり、未知のデータに対しても説明力が高いという保証はない。場合によっては、学習データに対し70％〜80％の説明力のほうが、未知のデータに対しての説明力が高くなる可能性がある。これを、過学習（Overfitting）と呼び、未知のデータに対する性能を汎化能力（Generallization Ability）と呼ぶ。汎化能力とは、機械学習アルゴリズムの性能を意味している。

## 2.7 ニューラルネットワークと活性化関数

　ニューラルネットワークは、自ら学習するパーセプトロンであり、単純パーセプトロンはその構成要素である。ニューロンでは、電気信号を受け取るとすぐには反応せず、電気信号の量が一定水準の入力となったときに、初めて信号を出力する。シナプスから入力された電気信号により、ニューロンの内部で電気的なレベル（シナプス電位）が増大、もしくは減少するが、シナプスの種類によってどちらの方向に作用するのかと、増大・減少の幅が決まっている。

　こうしたシナプスの状態のことをシナプス強度と呼ぶ。シナプス強度が大きいと、少しの信号でシナプス電位が大きく上昇する。そして、シナプス電位がある水準を超えると、ニューロンは電気信号を一気に放出し、次のニューロンに信号を伝達する。

　図2.3にニューロンのイメージを、（2.1）式でパーセプトロンの概念を示した。ニューラルネットワークを構築する際には、図2.12に示すように、パーセプトロンにバイアスを加えたかたちで表現する。

　入力信号の総和を $a$ とする。

$$a = w_0 + w_1 \cdot x_1 + w_2 \cdot x_2 \tag{2.4}$$

　先のパーセプトロンの式は、この $a$ の関数 $f(a)$ を用いると、

$$f(a) = \begin{cases} 1 & a > 0 \text{のとき} \\ 0 & a \leq 0 \text{のとき} \end{cases} \tag{2.5}$$

$$y = f(a) \tag{2.6}$$

となる。入力信号の総和 $a$ を出力信号に変換する関数 $f(a)$ を、「活性化関数（activation function）」と呼び、関数 $f(a)$ は入力信号の総和 $a$ が発火する条件を決める。活性化関数 $f(a)$ は、閾値を境にスイッチのON・OFFを表すような関数であり、たとえば（2.7）式の場合には、総和 $a$ と活性化関数 $f(a)$ の関係は図2.13に示される。

$$f(a) = \begin{cases} 1 & a > 0 \text{のとき} \\ 0 & a \leq 0 \text{のとき} \end{cases} \tag{2.7}$$

また、(2.8)式の場合には、総和 $a$ と活性化関数 $f(a)$ の関係は図2.14に示される。

$$f(a) = \begin{cases} -1 & a>0\text{のとき} \\ 0 & a\leq0\text{のとき} \end{cases} \qquad (2.8)$$

図2.12　パーセプトロンにバイアスを加えた表現

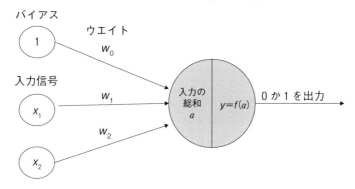

図2.13　総和 $a$ と活性化関数 $f(a)$ の関係⑴

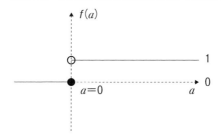

図2.14　総和 $a$ と活性化関数 $f(a)$ の関係⑵

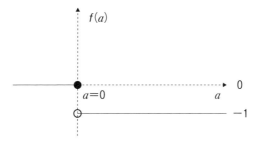

この活性化関数 $f(a)$ の型をステップ関数と呼び、Pythonで実装するには、Numpy（ナンパイ）で用意されているステップ関数step_fun(x)を用いる。Numpyは、計算に用いる関数やメソッドを数多く含む分析処理の定番ライブラリであり、Numpyを用いるには、import文を用いて組み込み（インポート）を実行することが求められる。

　Numpyをインポートするには、

　　import numpy as np　　# Numpyのインポート

のように記述するが、これは「Numpyを読み込み、npという名前で実行可能とする」という意味であり、以降は「np.関数名()」と書けばNumpyが用意している関数やメソッドが利用可能となる。ただし、Numpyは外部ライブラリのため、つどインポートする必要がある。astype(np.int) は、Numpyのint関数を用いて、数値を整数化した値を返すということを意味している。

```
import numpy as np     # Numpyをインポートとし、npという名前で
実行可能とする

def step_fun(x):     # ステップ関数をPythonの関数として実装
  return(x > 0).astype(np.int64)
     # Numpyのint関数を用いて、数値を整数化した値を返す
x = np.array([-2.0,1.0,2.0])     # xの値の入力
y = step_fun(x)
print(y)     Shift     Enter

[0 1 1]
```

　次に、matplotlibのpylabをインポートし、このステップ関数をグラフ化してみよう。

```
import matplotlib.pylab as plt     # matplotlibのpylabをイン
```

ポートし、pltという名前で
実行可能とする

```
def step_fun(x):     # ステップ関数をPythonの関数として実装
    return(x > 0).astype(np.int64)     # Numpyのint関数を用い
                                        て、数値を整数化した値を
                                        返す
x = np.arange(-5,5,0.01)     # - 5 から 5 までの間で、0.01を等
                               差とする等差数列を作成
y = step_fun(x)     # 等差数列を引数として、ステップ関数実行
plt.plot(x,y)     # 等差数列をx軸に、ステップ関数の結果をy軸に
                    してグラフを作成
plt.ylim(-0.1,1.1)     # y軸のメモリ範囲の指定
plt.grid(True)     # グリッドを表示
plt.yticks([-0.5,0.0,0.5,1.0,1.5])     # グリッドの間隔を設定
plt.show()     Shift   Enter
```

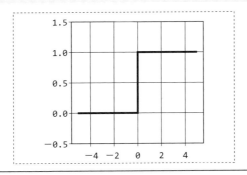

## 2.8　シグモイド関数

　パーセプトロンに用いたステップ関数は階段状となるため、ニューラル
ネットワークの活性化関数としては適していない。データを学習するために

は、活性化関数の微分値が重要となるため、活性化関数としてシグモイド関数がよく用いられている。

シグモイド関数は、ロジスティック関数であり、

$$f(x) = \frac{1}{1+\exp(-x)} \tag{2.9}$$

で表されるのが標準ロジスティック関数である。また、標準ロジスティック関数に対し、平行移動、拡大縮小を可能とするために一般化した、

$$g(x) = \frac{1}{1+e^{-k(x-x_0)}} \tag{2.10}$$

のことをロジスティック関数と呼ぶ。このシグモイド関数をグラフ化する。

```
def sigmoid(x):     # シグモイド関数をPythonの関数として実装
 return 1 / (1 + np.exp(-x))


x = np.arange(-6,6,0.01)     # - 6 から 6 までの間で、0.01を等
                               差とする等差数列を作成
y = sigmoid(x)      # 等差数列を引数としてシグモイド関数を実行
plt.plot(x, y)      # 等差数列をx軸に、ステップ関数の結果をy軸に
                      してグラフを作成
plt.ylim(-0.1, 1.1)     # y軸のメモリ範囲の指定
plt.grid(True)     # グリッドを表示
plt.yticks([-0.5, 0.0, 0.5, 1.0, 1.5])     # グリッドの間隔を
                                             設定

plt.show()     Shift   Enter
```

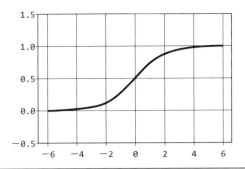

　ステップ関数は、入力の総和 $a$ が閾値を超えた瞬間に発火し、0か1のどちらかの値を返す。これに対し、シグモイド関数は入力の総和 $a$ に対し、発火が起こる可能性（発火確率）を表したものと考えられ、いきなり発火するのではなく、徐々に閾値に近づくということを表現している。なお、シグモイド関数の式自体には大きな意味はない。

　活性化関数としてシグモイド関数を用いた場合には、図2.12 のパーセプトロンにバイアスを加えた表現の右側出力は、0〜1の値となる。

## ▌**2.9　ReLU（Rectified Linear Unit：レルー）**

　ReLUは、関数への入力値 $x$ が0以下の場合には出力値 $f(x)$ が常に0、入力値が0より上の場合には出力値 $f(x)$ が入力値 $x$ と同じ値となる関数である。

$$f(x) = \begin{cases} x & x>0のとき \\ 0 & x \leq 0のとき \end{cases} \qquad (2.11)$$

　ニューラルネットワークの基礎となっている情報処理モデル「パーセプトロン」ではステップ関数という活性化関数が用いられ、「バックプロパゲーション」が登場してからは「シグモイド関数」が活性化関数として使われるようになった。

　しかし、ディープ・ニューラルネットワークでは、層が深くなるにつれ勾配が消えてしまうという勾配消失問題（Vanishing gradient problem）が発生した。勾配が消えていく理由は、シグモイド関数の微分係数（＝導関数の

出力値）の最大値が0.25（範囲は0.0～0.25）であり、そのシグモイド関数
を重ねれば重ねるほど勾配の値は小さくなっていくためである。そこで、微
分係数の最大値が1.0（範囲は0.0～1.0）であるReLUが使われるようにな
った。

　ReLUのメリットは「勾配消失問題の解消」だけではなく、計算式がシン
プルであるため処理が速く、入力値 $x$ が0以下の場合には常に0となるた
め、ニューロン群の活性化がスパース（sparse：スカスカ状態）となること
にある。これは、実際の脳細胞のように発火しないニューロンに近いかたち
で表現できることになり、精度が向上しやすいといわれている。

　ReLUはTensorFlowやKerasといったライブラリでは、relu()関数として
用意されている。

　（2.11）式の導関数は、

$$f'(x) = \begin{cases} 0 & x<0のとき \\ 微分不可 & x=0のとき \\ 1 & x>0のとき \end{cases} \qquad (2.12)$$

となる。

## 2.10 ま と め

　本章では、ディープラーニングとディープ・ニューラルネットワークの概
念について解説した。図2.5に示すように、ディープ・ニューラルネット
ワークでは中間層の数、各層に属するニューロンの数を増大させると、ネッ
トワークをより複雑化させることになる。ディープラーニングでは、入力層
から入力された数値がパーセプトロンに信号を伝達するウエイトを、出力層
からの出力値が正解（教師）データにできるだけ一致するように学習する。
これは、ウエイトの数が多いほど、より正確に教師データを説明することが
できることを意味する。しかし、このことは与えられたデータを正確に表現
するということであって、異なるデータを与えた場合の説明力はかえって悪
くなるという事象が発生する。これが過学習である。また、ディープ・

ニューラルネットワークはパターン学習であるため、ウエイトが計算されても、ある特定要因が教師データに与える感応度分析はできず、推定内容がブラックボックスとなるという課題がある。

第 **3** 章

データの将来予測

企業経営に影響を与える要因の将来予測（フォワード・ルッキング）は、経営判断、経営戦略を考えるうえで、きわめて重要な課題となっている。たとえば、時点 $t$ の企業の売上げ $y(t)$ を、$n$ 個のマクロ経済指標 $x_i(t)$, $(i=1,2,\cdots,n)$ によって説明する重回帰モデルがよく用いられる。

　このモデルを構築するには、被説明変数 $y(t)$ と説明変数 $x_i(t)$ のラグ・リードの関係、数値変換処理、多重共線性、分布の検定や外れ値の処理などの分析が必要となる。

　ラグ・リードの関係とは、データ間の因果関係による従属性により、データの変化に時間的なズレが生ずることである。たとえば、時点 $t-1$ でGDP $x(t-1)$ の発表があると、その水準によって翌日 $(t)$ の株価 $y(t)$ が変化する場合、株価 $y(t)$ からみたGDP $x(t-1)$ は先に変化しているのでリード（先行）、GDPからみた株価はラグ（遅行）という関係がある。さらに、たとえば9月に発表されるGDPデータが6月の実績値であった場合、発表までにデータがすでに3カ月遅れている（ディレイ）ことを意味する。

　図3.1はリードとラグの関係を示したものである。$y(t)$ を基準とした場合、リードとなるデータの山は $y(t)$ よりも先にあり、ラグとなるデータの山

図3.1 リードとラグの関係

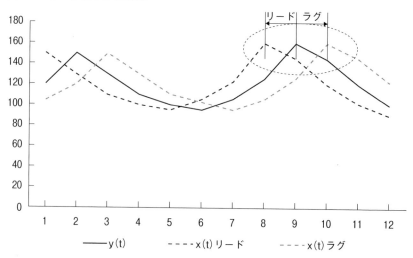

は$y(t)$よりも後に来ている。

　したがって、

$$y(t) = a + b_1 \cdot x_1(t) + b_2 \cdot x_2(t) + \cdots + b_n \cdot x_n(t) + e(t) \qquad (3.1)$$

$$\qquad e(t)：残差（推定誤差）$$

という基本式は、

$$\ln(y(t)/y(t-12)) = a + b_1 \cdot x_1(t)/x_1(t-1) + b_2 \cdot (x_2(t-6) - x_2(t-12))$$
$$+ \cdots + b_n \cdot (x_5(t) \times x_n(t)) + e(t) \qquad (3.2)$$

というようなさまざまなかたちにアレンジされる。

　また、重回帰モデルでは、変数選択の問題や多重共線性などを確認する必要もある。

　変数選択の問題とは、モデルに用いる説明変数の数を増大させると決定係数が増大してしまうため、モデルに利用する説明変数の数や利用するデータの数が異なる場合、それらを調整した自由度調整済決定係数やAICを用いてモデルを選択する必要があるという課題である。

　また、多重共線性とは、説明変数に相関の高い変数を同時に入れた場合、決定係数が増大したり、偏回帰係数$b_n$が本来の意味と反対の符号がついて予測されてしまうという現象が起きることである。これに対応するためには、説明変数間の相関分析、トレランス、VIFなどの指標によって説明変数の冗長性を確認する。冗長とは、ある変数が他の変数によって説明できてしまう場合、この変数の情報は不要であるという意味である。

　さらに、こうした重回帰モデルを用いて被説明変数$y(t)$の将来値を推定しようとした場合の課題は、説明変数$x_i(t)$の将来予測値が必要となることが多く、その将来予測値をどのように推定するのかということである。

　一方、こうした式のかたちで表現するモデルでは、変数間の因果関係や影響度（感応度）を数値で示すことができるというメリットがある。ディープラーニングでは、正解（教師）データを説明可能なニューラルネットワーク上のウエイトを計算することで、パターン学習する。そのため、訓練データで学習すればするほど正解（教師）データを説明するパターンをつくりだすことができるが、訓練データと異なるパターンがあるテストデータを説明す

ることはむずかしくなる場合（誤判別）がある。また、パターンの根拠を明確に示すことができないので、ブラックボックス化してしまうという欠点もある。

## ▌3.1　ディープラーニングを用いた為替レートの将来予測

　ニューラルネットワークは非常に大きなカテゴリであり、ディープラーニングはそのなかの1つの種類にすぎない。ここで、為替レートに関する過去データのみを用いて、明日の為替レートの始値を予測するディープラーニングの実装について検討する（プログラム・サンプル：example_3.ipynb）。

　為替レートに関するデータとして、date（日付）、open（始値）、high（高値）、low（低値）、close（終値）、volume（取引量）を利用する。これらのデータが保存されているファイル「為替データ.xlsx」（為替原データのシート）から、翌日の為替レートの始値に影響があるかもしれない新たな変数をいくつかExcel上で作成し、予測対象を翌日の為替レートの始値とする（為替加工データのシート）。ここで用意したニューラルネットワークの構築に用いる特徴量のデータは、以下の②以降の12変数である。時点 $t$ で翌日である時点 $t+1$ の為替レートの始値を予測するということは、時点 $t$ での始値の教師データ $y(t)$ として、翌日の為替レートの始値 $x_1(t+1)$ を入れればよいということを意味する。

① 　$y(t)$：topen 始値の教師データ（1日後のデータ）

　　　$y(t)=x_1(t+1)$

② 　$x_1(t)$：open　始値

③ 　$x_2(t)$：high　高値

④ 　$x_3(t)$：low　低値

⑤ 　$x_4(t)$：close　終値

⑥ 　$x_5(t)$：volume　取引量

⑦ 　$x_6(t)$：difference($h$-$l$)（高値－低値）

　　　$x_6(t)=x_2(t)-x_3(t)$

⑧　$x_7(t)$ : difference$(c\text{-}o)$（終値－始値）

　　$x_7(t) = x_4(t) - x_1(t)$

⑨　$x_8(t)$ : changes$(o)$　始値前日比

　　$x_8(t) = x_1(t)/x_1(t-1)$

⑩　$x_9(t)$ : changes$(h)$　高値前日比

　　$x_9(t) = x_2(t)/x_2(t-1)$

⑪　$x_{10}(t)$ : changes$(l)$　低値前日比

　　$x_{10}(t) = x_3(t)/x_3(t-1)$

⑫　$x_{11}(t)$ : changes$(c)$　終値前日比

　　$x_{11}(t) = x_4(t)/x_4(t-1)$

⑬　$x_{12}(t)$ : changes$(v)$　取引量前日比

　　$x_{12}(t) = x_5(t)/x_5(t-1)$

　「為替加工データ」のシートを「分析用データ」シートにテキスト・コピーし、この「分析用データ」をcsv形式で「exchange_rate.csv」という名前で保存する（図3.2）。

　この「exchange_rate.csv」を、Googleドライブにアップする。まず、

**図3.2　分析用データの保存**

Googleドライブ（https://www.google.co.jp/drive/）に入り、「個人」を
クリックし、「ドライブに移動」ボタンを押す。（図3．3）

　マイドライブのColab　Notebooksに、「exchange_rate.csv」ファイルをド
ラック＆ドロップする（図3．4）。

　マイドライブのColab　Notebooksに、「exchange_rate.csv」ファイルが追

図3．3　Googleドライブへのアクセス

図3．4　Googleドライブ（Colab Notebooks）へのアップロード

図3.5　Googleドライブ（Colab Notebooks）内のファイル

加されたことを確認（図3.5）。

## 3.2　為替データの読み込みと確認

　Googleドライブから「exchange_rate.csv」を読み込み、その内容を確認するPythonプログラムを作成する。Colaboratoryを立ち上げ、ノートブックを新規作成する（example_3.ipynb）。

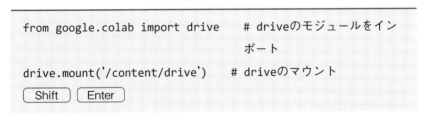

```
from google.colab import drive    # driveのモジュールをイン
                                     ポート

drive.mount('/content/drive')    # driveのマウント
Shift  Enter
```

```
Go to this URL in a browser: https://accounts.google.com/
o/oauth2/
```

```
Enter your authorization code:
```

表示されたURLにアクセス（ダブルクリック）し（図3.6）、authorization codeを取得する。

自分のアカウントを指定する（図3.7）。

自分のアカウントであることを確認し、「ログイン」ボタンを押す（図3.8）。

表示されたログインコードをコピーする（図3.9）。

図3.6　Googleドライブ内のファイルを読み込むプログラムの起動

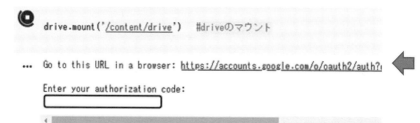

図3.7　Googleへのログインアカウントの指定

図3.8　Googleへのログイン

 Google にログイン

このアプリを Google からダウン
ロードしたことをご確認ください

┌─────────────────┐
┊　　自分のアカウント名　　　┊
└─────────────────┘

このアプリを Google からダウンロードしたかどうか
わからない場合は、Google Drive for desktop にログ
インしないでください。

Google Drive for desktop を Google からダウンロード
した場合は、このアプリは最近更新されたため再度ロ
グインするよう求められる場合があります。

Google Drive for desktop を Google からダウンロード
したかどうかわからない場合は、このアプリを削除し
てください。

キャンセル　　　　　　　　　ログイン

図3.9　Googleへのログインコードの取得

Google

ログイン

このコードをコピーし、アプリケーションに切り替えて貼り
付けてください。

4/1AYOe-g4wOGgXyuz8xJOOZRfvBWUIiS3YDQNCKI-
zABdfvGwaQxMP-41YSJQ　　　　　　　　

　コピーされたログインコードをauthorization codeの欄に入力し、
[ Enter ]キーを押す。

　正しく処理された場合には、

---

```
Mounted at /content/drive
```

---

と表示される。

## 3.3 データの読み込み

pandasをインポートした後、マイドライブに保存したcsvファイルを読み込み、データフレーム（df）に変換する。確認のため、データフレームの先頭から5行を表示する。pandas（パンダス）はデータ解析ライブラリであり、データフレーム（DataFrame）などの独自のデータ構造が提供されている。ここでは、csvファイルをデータフレームとして読み込む。

```
import pandas as pd     # pandasをインポートしpdと名付ける

df = pd.read_csv('drive/My Drive/exchange_rate.csv',
encoding="shift-jis")    # My Driveに保存したcsvファイルを読
                            み込んで、データフレームに変換
df.head(5)     # 先頭から5行を表示   [ Shift ] [ Enter ]
```

|   | date | topen | open | high | low | close | volume | ⋯ |
|---|------|-------|------|------|-----|-------|--------|---|
| 0 | 2015/1/5 | 119.310 | 120.580 | 120.665 | 119.375 | 119.605 | 75659 | |
| 1 | 2015/1/6 | 118.635 | 119.310 | 119.525 | 118.045 | 118.450 | 104417 | |
| 2 | 2015/1/7 | 119.345 | 118.635 | 119.660 | 118.495 | 119.170 | 57385 | |
| 3 | 2015/1/8 | 119.835 | 119.345 | 119.980 | 119.145 | 119.675 | 37540 | |
| 4 | 2015/1/9 | 118.380 | 119.835 | 119.900 | 118.420 | 118.570 | 87891 | |

また、データフレームの最後から5行を表示するには、tail()を利用する。

```
df.tail(5)     # 最後から5行を表示   [ Shift ] [ Enter ]
```

|   | date | topen | open | high | low | close | volume | ⋯ |
|---|------|-------|------|------|-----|-------|--------|---|
| 1553 | 2020/12/24 | 103.630 | 103.52 | 103.775 | 103.495 | 103.65 | 6952 | |
| 1554 | 2020/12/25 | 103.630 | 103.63 | 103.695 | 103.485 | 103.63 | 2952 | |
| 1555 | 2020/12/28 | 103.800 | 103.63 | 103.910 | 103.400 | 103.78 | 23913 | |
| 1556 | 2020/12/29 | 103.530 | 103.80 | 103.805 | 103.455 | 103.54 | 9136 | |
| 1557 | 2020/12/30 | 103.195 | 103.53 | 103.600 | 102.950 | 103.20 | 34839 | |

## 3.4 各種ライブラリをインポートする

　matplotlibはグラフ描画の標準的なライブラリであり、さまざまな種類の
グラフを作成することができる。matplotlibには、plt.ですませるpyplotイ
ンターフェースと、figやaxを定義した後にax.plotで書くオブジェクト指向
インターフェースがある。ここでは、pyplotインターフェースを用いる。

　sklearn.preprocessingには、データの前処理を行うための多くのメソッ
ドが用意されている。ここでは、0～1の範囲でデータを正規化するライブ
ラリ（MinMaxScaler）をインポートして利用する。MinMaxScalerでは、
データ$X_i$を以下の式で変換することで、正規化されたデータ$\hat{X}_i$を作成する。

$$\hat{X}_i = \frac{X_i - \min(X)}{\max(X) - \min(X)} \tag{3.3}$$

　sklearn.metricsには、学習させたモデルの良さを測る指標となる評価関
数のメソッドが用意されている。機械学習では、目的関数、損失関数、コス
ト関数、誤差関数などともいわれている。機械学習を通じ、関数の値を目標
とする数値に近づける（最適化）ためのものが目的関数であり、モデルの適
合度（良さ）を判断するものが損失関数、コスト関数、誤差関数である。こ
うした損失関数、コスト関数、誤差関数は、目的関数として利用されること
もあり、同様のものと考えてよい。

① MAE

　　Mean Absolute Error（MAE：平均絶対誤差）は、

$$\mathrm{MAE} = \frac{1}{N} \sum_{i=0}^{N-1} |y_i - \hat{y}_i| \tag{3.4}$$

　　　$N$：サンプル数

で計算される評価関数であり、実際の値$y_i$と予測値$\hat{y}_i$の差の絶対値を
平均したものである。MAEが小さいほど予測モデルが正確に推定でき
ていることを意味し、反対にMAEが大きいほど、予測モデルが正確に
推定できていないことを意味する。特徴としては、大きく予測を外した

サンプルを重要ととらえることである。scikit-learn には、計算用のメソッドが実装されているので、

　　from sklearn.metrics import mean_absolute_crror

と記述すればよい。

② MSE

　Mean Squared Error（MSE：平均二乗誤差）は、実際の値 $y_i$ と予測値 $\hat{y}_i$ の差の二乗を平均したものである。

$$\text{MSE} = \frac{1}{N} \sum_{i=0}^{N-1} (y_i - \hat{y}_i)^2 \qquad (3.5)$$

MAEと比較し、大きな誤差をより多く反映するという特徴がある。scikit-learn には、計算用のメソッドが実装されているので、

　　from sklearn.metrics import mean_squared_error

と記述すればよい。

③ RMSE

　Root Mean Squared Error（RMSE：平均平方二乗誤差）は、二乗して求めたMSEの平方根をとることにより、実際の値 $y_i$ と同じスケールの値として比較することを目的としたもの。scikit-learnには、RMSEの計算は実装されていないため、たとえばnp.sqrt()関数でMSEの結果の平方根をとる。

$$\text{RMSE} = \sqrt{\frac{1}{N} \sum_{i=0}^{N-1} (y_i - \hat{y}_i)^2} \qquad (3.6)$$

④ $R^2$

　R-squared, coefficient of determination（決定係数：$R^2$）は寄与率ともいわれ、モデルの当てはまりの良さを割合で示す指標である。完全に説明できるモデルの $R^2$ は1.0となり、まったく説明力のないモデルでは $R^2$ は0.0となる。

本章では、Google社が開発した、深層学習（ディープラーニング）・機械学習のライブラリであるTensorFlowをtfとしてインポートする。

tensorflow as tf

TensorFlow 2.0では、Eager Executionはデフォルトで有効化となる。一方で、さまざまな文献やインターネット上のサンプル・プログラムではEager Executionを利用しないことを前提に書かれていることが多い。このEager Executionを無効化するには、

tf.compat.v1.disable_eager_execution()

と記述すればよい。

次に、Numpyをインポートしnpと名付ける。

import numpy as np

```
# 各種ライブラリのインポート
import matplotlib.pyplot as plt
    # matplotlib.pyplotをインポートしpltと名付ける
from sklearn.preprocessing import MinMaxScaler
    # MinMaxScalerをインポートする
from sklearn.metrics import mean_absolute_error
import tensorflow as tf
tf.compat.v1.disable_eager_execution()
    # Eager Executionを無効化
import numpy as np     # Numpyをインポートしnpと名付ける
```
[ Shift ] [ Enter ]

## 3.5  分析用のデータ作成

読み込んだdfファイルをdf_exchangeファイルにコピーした後、date（日付）を削除し、データの最後尾を表示する。

① データフレーム（df）をdf_exchangeにコピーする。

基本オブジェクトをそのままコピーしたいときは、copy()を使う。

    df_exchange = df.copy()

② date（日付）を削除する。

    del df_exchange['date']

③ データの最後尾を表示する。

    df_exchange.tail()

```
# dfファイルをdf_exchangeファイルにコピー
df_exchange = df.copy()


# date（日付）を削除
del df_exchange['date']


# データの最後尾を表示
df_exchange.tail()    Shift   Enter
```

|      | topen   | open   | high    | low     | close  | volume | … |
|------|---------|--------|---------|---------|--------|--------|---|
| 1553 | 103.630 | 103.52 | 103.775 | 103.495 | 103.65 | 6952   |   |
| 1554 | 103.630 | 103.63 | 103.695 | 103.485 | 103.63 | 2952   |   |
| 1555 | 103.800 | 103.63 | 103.910 | 103.400 | 103.78 | 23913  |   |
| 1556 | 103.530 | 103.80 | 103.805 | 103.455 | 103.54 | 9136   |   |
| 1557 | 103.195 | 103.53 | 103.600 | 102.950 | 103.20 | 34839  |   |

## 3.6　データセットのサイズを確認

データセット(df_exchange)のデータ件数を確認するには、

    df_exchange.shape[0]

データセット(df_exchange)のデータ項目数を確認するには、

    df_exchange.shape[1]

とすればよい。その結果を出力する。

```
# データセットのサイズを確認
print(df_exchange.shape[0])     # データ件数
print(df_exchange.shape[1])     # データ項目数
```
[ Shift ]  [ Enter ]

1558

13

# 3.7 訓練データとテストデータへ切り分け

データセット（df_exchange）の最初から80%を訓練データに、残りをテストデータとして利用する。データセット（df_exchange）の最初をデータの番号を0とし、

train_start = 0

最初から80%のデータ番号を訓練データの最終データとする。データ件数はn=1558であり、n×0.8=1246.4の小数点以下をnp.floor(0.8*n)で切り捨てる。さらにその結果をint(np.floor(0.8*n))によって整数に変換する。これは、データ番号は整数であるためである。

整数値1246をtrain_endに代入する。

train_end=int(np.floor(0.8*n))

次に、テストデータの最初のデータをtrain_endとし、

test_start=train_end

最終データを、データ件数であるn=1558とする。

Numpyのarange関数では、第1引数（start）にtrain_start=0を、第2引数（stop）にtrain_end=1246を引き渡すと、行ラベル0から1245(train_end-1)までの等差数列を生成し、loc関数に渡す。loc関数では、df_exchangeの行ラベル0から1245までのデータを抽出し、第2引数を「:」としているので、全要素を取り出す。

train_data = df_exchange.loc[np.arange(train_start, train_end), :]
# 訓練データ

同様に、行ラベル1246から1557までをテストデータとして取り出す。

```
# データセットの行数と列数を格納
n = df_exchange.shape[0]
p = df_exchange.shape[1]

# 訓練データとテストデータへ切り分け
train_start = 0
train_end = int(np.floor(0.8*n))
test_start = train_end
test_end = n
train_data = df_exchange.loc[np.arange(train_start,train_
end),:]    # 訓練データ
test_data = df_exchange.loc[np.arange(test_start,test_end), :]
    # テストデータ
```
Shift    Enter

できあがった訓練データのサイズを確認する。

```
# 訓練データのサイズを確認
print(train_data.shape[0])    # データ件数
print(train_data.shape[1])    # データ項目数
```
Shift    Enter

1246

13

同様にテストデータのサイズを確認する。

```
# テストデータのサイズを確認
print(test_data.shape[0])    # データ件数
print(test_data.shape[1])    # データ項目数
```
[ Shift ]  [ Enter ]

312

13

　念のために、データセット（df_exchange）が訓練データとテストデータ
に正しく振り分けられているかを確認する。訓練データの先頭から5行を表
示すると、行ラベル0から始まっている。

```
# 訓練データの先頭から5行を表示
train_data.head(5)    [ Shift ]  [ Enter ]
```

|   | topen | open | high | low | close | volume | ... |
|---|-------|------|------|-----|-------|--------|-----|
| 0 | 119.310 | 120.580 | 120.665 | 119.375 | 119.605 | 75659 | |
| 1 | 118.635 | 119.310 | 119.525 | 118.045 | 118.450 | 104417 | |
| 2 | 119.345 | 118.635 | 119.660 | 118.495 | 119.170 | 57385 | |
| 3 | 119.835 | 119.345 | 119.980 | 119.145 | 119.675 | 37540 | |
| 4 | 118.380 | 119.835 | 119.900 | 118.420 | 118.570 | 87891 | |

　次に、訓練データの最後の5行を表示すると、行ラベル1245で終了してい
ることがわかる。

```
# 訓練データの最後尾を表示
train_data.tail()    [ Shift ]  [ Enter ]
```

|      | topen | open | high | low | close | volume | ... |
|------|-------|------|------|-----|-------|--------|-----|
| 1241 | 108.365 | 108.440 | 108.540 | 108.030 | 108.420 | 11608 | |
| 1242 | 108.855 | 108.365 | 108.900 | 108.145 | 108.865 | 18542 | |
| 1243 | 108.745 | 108.855 | 108.880 | 108.550 | 108.775 | 13276 | |

| | | | | | | |
|---|---|---|---|---|---|---|
| 1244 | 108.610 | 108.745 | 108.955 | 108.450 | 108.640 | 14245 |
| 1245 | 108.430 | 108.610 | 108.730 | 108.370 | 108.420 | 10097 |

　同様にテストデータの先頭から5行を表示すると、行ラベル1246から始まっており、訓練データとテストデータにきれいに分割していることが確認できる。

```
# テストデータの先頭から5行を表示
test_data.head(5)    Shift   Enter
```

| | topen | open | high | low | close | volume ⋯ |
|---|---|---|---|---|---|---|
| 1246 | 108.600 | 108.430 | 108.675 | 108.275 | 108.61 | 10325 |
| 1247 | 108.500 | 108.600 | 108.740 | 108.440 | 108.49 | 4296 |
| 1248 | 108.650 | 108.500 | 108.715 | 108.235 | 108.68 | 8644 |
| 1249 | 108.605 | 108.650 | 108.760 | 108.500 | 108.63 | 5810 |
| 1250 | 108.740 | 108.605 | 108.785 | 108.500 | 108.65 | 4866 |

　テストデータの最後の5行を表示すると、行ラベル1557で終了していることがわかる。

```
# テストデータの最後尾を表示
test_data.tail()    Shift   Enter
```

| | topen | open | high | low | close | volume ⋯ |
|---|---|---|---|---|---|---|
| 1553 | 103.630 | 103.52 | 103.775 | 103.495 | 103.65 | 6952 |
| 1554 | 103.630 | 103.63 | 103.695 | 103.485 | 103.63 | 2952 |
| 1555 | 103.800 | 103.63 | 103.910 | 103.400 | 103.78 | 23913 |
| 1556 | 103.530 | 103.80 | 103.805 | 103.455 | 103.54 | 9136 |
| 1557 | 103.195 | 103.53 | 103.600 | 102.950 | 103.20 | 34839 |

　ここでは、データセット（df_exchange）の8割を訓練データに、残り2割をテストデータに割り振った。機械学習では、データセットを訓練データとテストデータに割り振る際、ランダムに選ぶ場合もあるが、時系列データ

の場合には時間による推移が重要であることから、頭から8割を訓練データに、2割をテストデータに割り振っている。

# 3.8 データの正規化 (normalization)

　上記の最終時点でのデータをみてみると、特徴量（Feature）となるopenとvolumeとでは、単位、スケールが大きく異なる。こうした、異なるスケールの変数$x_i$を、$0 \leq x_i \leq 1$の範囲に統一化するのが正規化である。特徴量の値を正規化しなければ、機械学習のアルゴリズムがうまく学習してくれないケースがある。しかし、正規化を行わなくても学習するアルゴリズムも多く存在する。

　正規化には多くの方法があるが、ここでは（3.3）式に示したMinMax-Scalerを利用する。MinMaxScalerでは、正規化後の変数$\hat{x}_i$の範囲をfeature_rangeで指定する。feature_range = $(-1,1)$とした場合は$-1 \leq \hat{x}_i \leq 1$、feature_range = $(0,1)$とした場合は$0 \leq \hat{x}_i \leq 1$の範囲で正規化される。

　　　scaler = MinMaxScaler(feature_range = $(-1,1)$)

　fit関数は、入力データから標準偏差や最大・最小値を算出しパラメータを保存する。訓練データ（train_data)に正規化を適用し、データを変換するために必要な統計情報を計算し変換式を求める。

　　　scaler.fit(train_data)

　transform関数は、fitによって得られた変換式によって訓練データ（train_data)を正規化する。そして、正規化されたデータをtrain_data_normとする。

　　　train_data_norm = scaler.transform(train_data)

　次に、fitによって得られた変換式によってテストデータ（test_data)を正規化する。このとき注意が必要なのは、fitによって得られた変換式は訓練データ（train_data)を用いて計算されたものを利用するという点である。これは、訓練データ（train_data)とテストデータ（test_data)とで正規化に用いる変換式が異なる場合、異なるスケールとなってしまうからである。そこで、訓練データ（train_data)から得られた変換式を用いて、テストデータ

（test_data）を正規化し、正規化されたデータをtest_data_normとしている。

　　test_data_norm = scaler.transform（test_data）

　そして、

　　train_data_norm

　で、正規化後の訓練データを出力する。

```
# 訓練データの正規化
scaler = MinMaxScaler(feature_range = (-1,1))
scaler.fit(train_data)
train_data_norm = scaler.transform(train_data)
test_data_norm = scaler.transform(test_data)
train_data_norm    [ Shift ]  [ Enter ]
```

```
array([[0.50661994,0.6055296,0.59112333,…,0.13159924,
        -0.03667672,-0.84943837],
       …,
       [-0.34073209,-0.3267134,-0.34642577,…,0.18732027,
        0.14271567,-0.93219321]])
```

同様に、正規化後のテストデータを出力する。

```
# テストデータの正規化の出力
test_data_norm    [ Shift ]  [ Enter ]
```

```
array([[-0.32749221,-0.34073209,-0.35074627,…,0.18434443,
        0.26911576,-0.89516854],
       …,
       [-0.74844237,-0.72235202,-0.74941084,…,0.09858213,
        0.10059711,-0.56585737]])
```

　MinMaxScalerでは、データの最小値・最大値を使っているため、これら

の値に強く影響を受けてしまう。したがって、外れ値などが混ざっていると
そのデータに大きく引っ張られてしまう。これに対し、正規化の代表的なも
う一つの方法に標準化（基準化：z-score normalization）がある。これは、
以下の式で値が0から1になるように変換するものである。

$$\hat{x}_i = \frac{x_i - \bar{x}}{\sigma_x} \tag{3.7}$$

  $\bar{x}$： $x_i$の平均

  $\sigma_x$： $x_i$の標準偏差

変数$x_i$を（3.7）式で変換した値$\hat{x}_i$は、平均0、分散1の分布に従う。
そのため、MinMaxScalerよりも外れ値に強くなる。

どちらの方法が良いかは、データに依存するが、データの最大値と最小値
の範囲がある程度決まっている場合にはMinMaxScalerを、最大値・最小値
に上限、下限がない場合は、z-scoreを使うことが多いようである。

# 3.9 正規化した訓練データから特徴量と ターゲット（教師データ）の切り分け

正規化した訓練データ(train_data_norm)から、全行(train_data_norm
[:,1:]の「[:,」の部分）と、特徴量として1番目以降（train_data_norm[:,1:]
の、「[1:」の部分）を指定し、訓練データの特徴量データ（x_train）を取り
出す。

  x_train = train_data_norm[:,1:]

次に、正規化した訓練データ（train_data_norm）から、全行（train_
data_norm[:,0]の「[:,」の部分）と、特徴量として0番目（train_data_
norm[:,0]の「[0」の部分）を指定し、訓練データのターゲット（教師デー
タ）（y_train）を取り出す。

  y_train = train_data_norm[:,0]

次に、訓練データの特徴量データを表示する。

  x_train

```
# 訓練データから特徴量とターゲット（教師データ）の切り分け
x_train = train_data_norm[:,1:]
y_train = train_data_norm[:,0]
# 訓練データの特徴量データを表示
x_train   Shift   Enter
```

```
array([[0.6055296,0.59112333,0.60820046,…,0.13159924,
        -0.03667672,-0.84943837],
       …,
       [-0.3267134,-0.34642577,-0.22741078,…,0.18732027,
        0.14271567,-0.93219321]])
```

同様に、訓練データのターゲット（教師データ）を表示する。

```
# 訓練データのターゲット（教師データ）を表示
y_train   Shift   Enter
```

```
array([0.50661994,0.45404984,0.50934579,…,-0.31619938,
       -0.3267134,-0.34073209])
```

次に、テストデータから特徴量とターゲット（教師データ）の切り分けそれぞれを表示する。

```
# テストデータから特徴量とターゲット（教師データ）の切り分け
x_test = test_data_norm[:,1:]
y_test = test_data_norm[:,0]

# テストデータの特徴量データを表示
x_test   Shift   Enter
```

```
array([[-0.34073209,-0.35074627,-0.23462415,…,0.18434443,
```

```
            0.26911576,-0.89516854],

          ...,

          [-0.72235202,-0.74941084,-0.63895216,...,0.09858213,
            0.10059711,-0.56585737]])
```

```
# テストデータのターゲット（教師データ）を表示
y_test          [ Shift ]  [ Enter ]
```

```
array([-0.32749221,-0.33528037,-0.32359813,-0.3271028,
        -0.31658879,-0.29750779,-0.30646417,-0.30568536,
        -0.3703271,-0.35358255, ...
```

正規化前と正規化後の訓練データのターゲット（教師データ）を確認する。

```
# 正規化前の訓練データの教師データの確認
print(train_data.values[:,0])          [ Shift ]  [ Enter ]
```

```
[119.31 118.635 119.345 ... 108.745 108.61 108.43]
```

```
# 正規化後の訓練データの教師データの確認
print(y_train)          [ Shift ]  [ Enter ]
```

```
[0.50661994 0.45404984 0.50934579 ... -0.31619938 -0.3267134
 -0.34073209]
```

## 3.10 ディープ・ニューラルネットワークの設定

明日の為替open（始値）の水準を、ディープ・ニューラルネットワークで推定するモデルを構築する。訓練データの特徴量の数は12個であることか

ら、入力層を12個とする。また、出力層は明日の為替open（始値）となる
ので、1個とする。

訓練データの特徴量の数（n_stocks）を、shape[1]によって取得する。

```
# 訓練データの特徴量の数を取得
n_stocks = x_train.shape[1]    Shift    Enter
```

ディープ・ニューラルネットワークの中間層として2層を設定し、最初の
中間層のニューロン数を256、次の層のニューロン数を128で設定する。

```
# ニューロンの数を設定
n_neurons_1 = 256
n_neurons_2 = 128    Shift    Enter
```

ここで、TensorFlowでニューラルネットワークを構築する。TensorFlow
でセッションを開始するが、3.4節で述べたように、本書ではTensorFlow
のEager Executionを利用しないことを前提にしているため、

tf.compat.v1.disable_eager_execution()

と記述した。これに対応するため、構築するニューラルネットワークを以下
のように設定する。

net=tf.compat.v1.InteractiveSession()

```
# セッションの開始
net = tf.compat.v1.InteractiveSession()
 Shift    Enter
```

プレースホルダー（placeholder）はデータが格納される場所である。そ
こで格納される変数は実数（dtype=tf.float32）であり、Xの配列の大きさ
は「自動（None）、特徴量の数（n_stocks)」であることを宣言する。

X=tf.compat.v1.placeholder(dtype=tf.float32,shape=[None,n_
stocks])

また、Yの配列の大きさは「自動（None）」で宣言する。

82

$$Y=\text{tf.compat.v1.placeholder}(\text{dtype}=\text{tf.float32},\text{shape}=[\text{None}])$$

```
# プレースホルダーの作成
X = tf.compat.v1.placeholder(dtype = tf.float32,
shape = [None, n_stocks])
Y = tf.compat.v1.placeholder(dtype = tf.float32,
              shape = [None])   [ Shift ]  [ Enter ]
```

　ここで、構築するニューラルネットワークのサンプル・プログラムを解説なしで記載する。

```
# 初期化
sigma = 1
weight_initializer = tf.compat.v1.variance_scaling_
initializer(mode = "fan_avg",distribution = "uniform",
scale = sigma)
bias_initializer = tf.compat.v1.zeros_initializer()

# Hidden weights
W_hidden_1 = tf.Variable(weight_initializer([n_stocks,n_
neurons_1]))
bias_hidden_1 = tf.Variable(bias_initializer([n_neurons_1]))
W_hidden_2 = tf.Variable(weight_initializer([n_neurons_1,
n_neurons_2]))
bias_hidden_2 = tf.Variable(bias_initializer([n_neurons_2]))
[ Shift ]  [ Enter ]

# 出力の重み
W_out = tf.Variable(weight_initializer([n_neurons_2,1]))
bias_out = tf.Variable(bias_initializer([1]))
```

```
# 隠れ層の設定（ReLU＝活性化関数）
hidden_1 = tf.nn.relu(tf.add(tf.matmul(X,W_hidden_1),bias_
hidden_1))
hidden_2 = tf.nn.relu(tf.add(tf.matmul(hidden_1,W_hidden_2),
bias_hidden_2))
# 出力層の設定
out = tf.transpose(tf.add(tf.matmul(hidden_2,W_out),bias_
out))

# コスト関数
mse = tf.compat.v1.reduce_mean(tf.compat.v1.squared_
difference(out,Y))

# 最適化関数
opt = tf.compat.v1.train.AdamOptimizer().minimize(mse)

# 初期化
net.run(tf.compat.v1.global_variables_initializer())

# ニューラルネットワークの設定
batch_size = 128
mse_train = []
mse_test = []        Shift    Enter
```

　上記のニューラルネットワークに訓練データを適用し、500回の反復計算（学習）によってターゲット（教師データ）を説明するニューラルネットワークを構築する。

```
# 500回の反復処理による訓練のスタート
epochs = 500
for e in range(epochs):
  net.run(opt, feed_dict = {X: x_train, Y: y_train})
```
Shift　Enter

　構築したニューラルネットワークにテストデータを適用し、翌日の始値の予測値（pred_test）を算出する。

（注意）プログラムによって構築されたニューラルネットワークは、実行するごとにまったく同じものができあがるというものではないため、一定の予測値は出力されない。

```
# テストデータで予測
pred_test = net.run(out, feed_dict = {X:x_test})
```
Shift　Enter

　翌日の始値の予測値（pred_test）を、先頭から2つ選択して表示。なお、この値は正規化された水準となっていることに注意。

```
# 予測データの最初の2つを表示
pred_test[0][0:2]　　Shift　Enter

array([-0.32476133, -0.33372492], dtype = float32)
```

　ここで予測されたデータは正規化されているので、scaler.inverse_transformにより正規化したときのルールの逆方向に適用して、元の水準（スケール）のデータに戻す。

```
# 予測値をテストデータに戻す（値も正規化からインバース）
pred_test = np.concatenate((pred_test.T,x_test),axis = 1)
```

```
pred_inv = scaler.inverse_transform(pred_test)
```
[ Shift ] [ Enter ]

元の水準（スケール）に戻した予測値を出力する。

```
# テストデータの予測値を出力
pred_inv[:,0]   [ Shift ] [ Enter ]
```

```
array([108.63506451, 108.51997208, 108.65172254,
       108.62771358, 108.67872546, 108.93516207,
       108.89264949, 108.91791129,...
```

確認のために、元の水準（スケール）に戻したテストデータの最終行を出力する。

```
# 元データの最後尾の出力
test_data.tail(1)   [ Shift ] [ Enter ]
```

|      | topen   | open   | high  | low    | close | volume | … |
|------|---------|--------|-------|--------|-------|--------|---|
| 1557 | 103.195 | 103.53 | 103.6 | 102.95 | 103.2 | 34839  |   |

テストデータの最後のデータ（正規化前）と、モデルが予測した最後のデータ（正規化前の状態に補正）を表示する。

```
# テストデータの最後のデータ（正規化前）
print(test_data.values[311])
# モデルが予測したデータ
print(pred_inv[311])   [ Shift ] [ Enter ]
```

```
[1.03195000e+02   1.03530000e+02   1.03600000e+02   1.02950000e+02
 1.03200000e+02   3.48390000e+04   6.50000000e-01   -3.30000000e-01
 9.97398844e-01   9.98025143e-01   9.95118651e-01   9.96716245e-01
```

```
    3.81337566e+00]
  [1.03118815e+02    1.03530000e+02    1.03600000e+02    1.02950000e+02
    1.03200000e+02    3.48390000e+04    6.50000000e-01    -3.30000000e-01
    9.97398844e-01    9.98025143e-01    9.95118651e-01    9.96716245e-01
    3.81337566e+00]
```

pltは、importしたmatplotlib.pyplotのことであり、plt.ion () はインタラクティブモードをオンにするということである。インタラクティブモード（対話モード）とは、コマンド・プロンプト上で直接プログラム・コードを入力しながら、プログラムを1行1行の対話形式で実行する方法（インタプリタ）のことである。

    plt.ion ()

pltのfigure () とは、「The top level container for all the plot elements.」と表現されるグラフ描画の基本フローであり、グラフ作成のためのウィンドウを表している。なお、グラフを画像として保存する場合はfigure単位となる。

    fig=plt.figure ()

fig.add_subplot (111)は、このfigureにサブプロットグリッド（subplot）パラメータを加えるものであり、subplot (111)の111は（subplot (1,1,1)と記述することもできる）、「1×1グリッドで、最初のサブプロット」ということを意味している。subplotでは3つの引数を渡す必要があり、subplot (2,2,1) のように指定すると（subplot (221)でもよい）、1番目の引数は描画キャンバスを何行に分割するのかを示し、2番目の引数は何列に分割するのかを示している。3番目の引数は、これからグラフを描くのに利用するサブ領域の番号を指定する。たとえば、subplot (2,2,1)と指定した場合には、描画キャンバスを4分割しており、サブ領域の番号は上から下、左から右の順位で1,2,3,4とつけられる。subplot (111)は、描画キャンバスを1分割、描画キャンバスは1個であり、それを領域として利用する。

    axはaxesの略語であり、matplotlibでは軸ではなく1つのグラフを指して

いる。

　　ax1=fig.add_subplot（111）

　折れ線グラフを描くにはaxes.plotを指定する。１本目の折れ線（line1,）
にテストデータの教師データ（topen）を、２本目の折れ線（line2,）に推
定値を出力する。

　　line1,=ax1.plot（test_data.values[:,0]）

　　line2,=ax1.plot（pred_inv[:,0]）

```
# テストデータの翌日始値の実績値と予測値のチャートをプロット
plt.ion()
fig = plt.figure()
ax1 = fig.add_subplot(111)
line1, = ax1.plot(test_data.values[:,0])
line2, = ax1.plot(pred_inv[:,0])
plt.show()    Shift    Enter
```

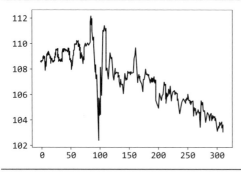

　モデルの推定力を、（3．4）式で示したMAE（平均絶対誤差）で計測す
る。MAEを計算するには、mean_absolute_error（実績値、推定値）と指定
する。

```
# MAEの計算
mae_test = mean_absolute_error(test_data.values[:,0],pred_
```

```
inv[:,0])
print(mae_test)    [ Shift ]  [ Enter ]
```

0.07130020702783217

---

## ▋ 3.11 ま と め

　実務では、フォワード・ルッキングと呼ばれる将来のリスク量などの事前把握が重要となる。それに対応するためには、時系列データを利用した将来予測が必要となり、本章では、為替データのみを用い、本日の為替データから、明日の為替レートの始値を予測するモデルをディープラーニングによって構築した。

　教師データありのディープラーニングは、訓練データの特性データから正解（教師）データを推定するパターンを見つけ出すものであり、訓練データの期間内の学習であるので、利用したデータ期間の特性を説明するものとなる。したがって、過去の局面（経済、政策、紛争など）と異なる状況となった場合には、予測がむずかしくなるということに留意する必要がある。また、ディープラーニングには、第2章で述べたように過学習や勾配消失問題があるので、それらについての検討も不可欠となる。さらに、後述する線形回帰モデルのように、特定要因の影響度（感応度）を知るということはできない。特定要因が影響を与えているかどうかについては、その特定要因を入れた場合と入れなかった場合とで、説明力の違いをみていくことになる。

　本章では為替データのみを使っているが、サンプル・プログラムに経済データ、株式などの市場データ、財務データなどを適用することにより、さまざまな時系列データによるディープラーニングを行うことも可能である。しかし、利用するデータの種類が多ければ多いほど良いわけではなく、過学習や勾配消失問題も考えながら、最適な変数選択をしていく必要がある。

第 **4** 章

# 線形回帰モデルの適用方法

実務では、たとえば企業収益やリスク量の将来予測をしたり、企業収益やリスク量がどのような要因（説明変数）によってどのくらい影響を受けるのかという分析が日常的に行われる。その時によく使われるのが、線形回帰モデルである。線形回帰モデルは考え方がシンプルでわかりやすいが、外れ値の問題、多重共線性の問題、変数選択の問題など、適用するには多くの課題もあることに留意する必要がある。本章では、線形回帰モデルの理論的な背景と適用方法について解説する。

## ▌4.1　線形回帰分析（モデル）とは

　ある変数（被説明変数、目的変数、教師データ、正解データ）を、別の変数（説明変数、従属変数）で説明するモデルの代表として、（3.1）式で示した線形回帰モデルがあげられる。

$$y(t) = a + b_1 \cdot x_1(t) + b_2 \cdot x_2(t) + \cdots + b_n \cdot x_n(t) + e(t)$$
$$= a + \sum_{i=1}^{n} b_i \cdot x_i(t) + e(t) \tag{4.1}$$

$e(t)$：残差（誤差）

　このモデルでは、$n$ 個の説明変数 $x_i(t)$，$(i = 1, 2, \cdots, n)$ を用いており、それらを単純に $b_i$ 倍して足し合わせたものが線形回帰モデルである。複数の説明変数 $x_i(t)$ によって被説明変数 $y(t)$ を説明しようとするのが重回帰モデルであり、（4.1）式の推定モデルは、

$$\hat{y}(t) = \hat{a} + \hat{b}_1 \cdot x_1(t) + \hat{b}_2 \cdot x_2(t) + \cdots + \hat{b}_n \cdot x_n(t)$$
$$= \hat{a} + \sum_{i=1}^{n} \hat{b}_i \cdot x_i(t) \tag{4.2}$$

$\hat{y}(t)$：被説明変数 $y(t)$ のモデルによる推定値

$\hat{a}$　：切片項（定数）の推定値

$\hat{b}_i$　：説明変数 $x_i(t)$ に掛けられる偏回帰係数（$b_i$ の推定値）

のように表現される。（4.1）式と（4.2）式の大きな違いは、（4.1）式には残差項 $e(t)$ があるということであり、被説明変数 $y(t)$ と説明変数 $x_i(t)$ がともに実績値の場合には、右辺と左辺が等しいということはこの残差項 $e(t)$

がないと成立しない。

　時点 $t$ における、被説明変数$y(t)$が企業収益率、$x_1(t)$が為替レート、$x_2(t)$がGDP、$x_3(t)$が物価指数であるとし、この3変数で推定されたモデルが、

$$\hat{y}(t) = 0.28 - 0.68 \cdot x_1(t) + 1.54 \cdot x_2(t) + 6.43 \cdot x_3(t) \qquad (4.3)$$

であるとする。為替レートが1円上昇した場合、他の変数の水準が変化しないことを前提にすると、企業収益率の推定値$\hat{y}(t)$は$-0.68$だけ変化することを意味している。この$-0.68$を為替レートに対する偏回帰係数（感応度）と呼ぶ。

　また、被説明変数である企業収益率$y(t)$を基準とし、説明変数$x_i(t)$にラグ・リードの関係を考慮したほうがよりモデルの説明力が上昇するものと仮定し、最も説明力が高いモデルのラグ・リードを$s_i$（$s_i < 0$ならばリード、$s_i > 0$ならばラグ、$s_i = 0$ならば一致）で表すと、（4.2）式は、

$$\hat{y}(t) = a + \sum_{i=1}^{n} \hat{b}_i \cdot x_i(t + s_i) \qquad (4.4)$$

で表すことができる。

　実務では、こうした線形回帰モデルを利用して将来推定をしたいというニーズがある。しかし、（4.2）式のパラメータである偏回帰係数$\hat{b}_i$を推定するのは過去の実績値であり、（4.4）式は過去の変数をモデル化しているにすぎない。さらに、（4.4）式が月次データで推定されているとすれば、時点 $t$ から12カ月後の企業収益率$\hat{y}(t+12)$を推定するには、

$$\hat{y}(t+12) = 0.28 - 0.68 \cdot x_1(t+12) + 1.54 \cdot x_2(t+12) + 6.43 \cdot x_3(t+12)$$

$$(4.5)$$

という式になる。12カ月後にも、（4.3）式が適用可能だとしても、企業収益率$\hat{y}(t+12)$を推定するには各説明変数の12カ月後の推定値が必要となる。

　複数の説明変数を用いた線形回帰モデルが重回帰モデルであり、

$$\hat{y}(t) = a + \hat{b} \cdot x(t) \qquad (4.6)$$

のように1個の説明変数で表すのが、単回帰モデルである。

　線形回帰モデルを適用するには、まず与えられている各変数の特性や、変数間の関係を探ることになる。

## 4.2 分布と基本統計量

### (1) データの分布とは

　与えられているデータがどのような集合体で、どのようなばらつきがあるか、それらのデータの特性をつかむことが重要な情報を導き出す第一歩になる。そのために、グラフ等を用いて視覚的に把握する方法と統計数値から把握する方法があり、それらの方法から得られる結果をそれぞれ吟味し、特性をつかむことが大切である。

　統計モデルを適用する場合には、分析しようとするデータが、モデルの前提条件を満たして、はじめてそのモデルが意味をもつ。事前にデータをよく検討する必要がある。統計値の正しい理解と統計分析の手法を適切に使って評価を行うことが重要となる。

　変数の特性分析とは、データがどのような集合体であり、どのようなばらつきをもっているのかなどについて確認することである。ばらつきを表現するものに分布があり、分布の範囲を設定すれば、その範囲に該当するデータの割合を表現することができる。確率分布とは、収益率などの変数の実現値と、それが起こる確率（割合）の関係を表したものである。

　「分布」を読み取る際のポイントとしては、

① 　分布の中心

② 　分布の広がり

③ 　分布のゆがみ

といった点があげられる。

　度数分布表は、与えられたデータに対しデータの範囲を等間隔に分割して階級（クラス）を設定し、それぞれの階級にデータがいくつ（何割）属するのかを表したものである。

　表4.1は、ある銘柄の株価対数収益率を例にした度数分布表である。度数分布表の項目にある度数は各階級に属したデータの数、累積度数はその階級までの度数を累積したもの、相対度数は度数の全体に対する割合、累積相対度数はその階級までを累積した相対度数を表している。相対度数は割合で

表4．1　度数分布表（株価対数収益率）

| 収益率区分 | 度数 | 累積度数 | 相対度数（％） | 累積相対度数（％） |
|---|---|---|---|---|
| −0.100 | 0 | 0 | 0.00 | 0.00 |
| −0.075 | 4 | 4 | 0.72 | 0.72 |
| −0.050 | 4 | 8 | 0.72 | 1.43 |
| −0.025 | 47 | 55 | 8.42 | 9.86 |
| 0.000 | 241 | 296 | 43.19 | 53.05 |
| 0.025 | 194 | 490 | 34.77 | 87.81 |
| 0.050 | 52 | 542 | 9.32 | 97.13 |
| 0.075 | 13 | 555 | 2.33 | 99.46 |
| 0.100 | 1 | 556 | 0.18 | 99.64 |
| 0.125 | 1 | 557 | 0.18 | 99.82 |
| 0.150 | 1 | 558 | 0.18 | 100.00 |
| 次の級 | 0 | 558 | 0.00 | 100.00 |
| | 558 | | 100.00 | |

示される確率であり、累積相対度数は確率分布を意味する。

　度数分布表を視覚的に棒グラフで表示したものをヒストグラムという。図4．1は表4．1の度数分布表をヒストグラムとして表したものであり、視覚的に分布の特性を確認することができる。図4．1に示した株価対数収益率のヒストグラムから、階級ごとの発生割合（確率）、損失割合、などといった対数収益率の特性を視覚的に読み取ることができる。また、累積相対度数は、ある階級値以下の値をとる割合、つまり確率分布を示している。

## (2)　基本統計量

　データの中心やばらつきについて、代表的な統計数値を表したものが基本統計量である。

### ①　平均

　データの算術平均であり、ばらつきの中心傾向を示す。データのなかに

図4.1　株価対数収益率のヒストグラム

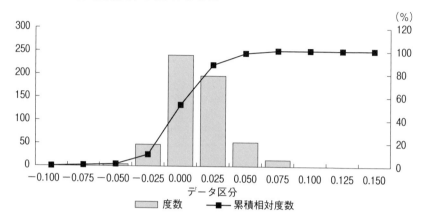

他のデータと大きく離れた異常値（外れ値）がある場合は、その異常値の影響を受けるため、中心傾向を示す指標としては適切でなくなる可能性があることに注意が必要である。$n$ 個のデータ $x_1, x_2, \cdots, x_n$ の平均 $\bar{x}$ は、

$$\bar{x} = \frac{1}{n}\sum_{i=1}^{n} x_i \tag{4.7}$$

で計算される。

② 　中央値（メジアン）

　　データの数値を大きい（小さい）順に並べたときに、中心に位置する数値であり、ばらつきの中心傾向を示す。またデータの数が偶数の場合は、中心の２つの平均値をとる。データのなかに、他のデータと大きく離れた異常値（外れ値）がある場合でも、中心に位置する数値を用いるため、異常値の影響を受けにくい。

③ 　最頻値（モード）

　　データのなかで最も頻繁に存在する値を示し、ばらつきの中心傾向を示す。最頻値が２つある場合には先にデータに表れているほうが表示される。

④ 　分散

　　偏差平方和（各データの値と平均値との差を二乗した合計）をデータ数

$n$ で除した値であり、ばらつきの大きさを示す。データ数を $n$ ではなく、$n-1$ で除した値を不偏分散という。データ数 $n$ が十分に大きいときには両者の差はほとんどない。分散 $v$ は、

$$v = \frac{1}{n} \sum_{i=1}^{n} (x_i - \bar{x})^2 \tag{4.8}$$

不偏分散 $\hat{v}$ は、

$$\hat{v} = \frac{1}{n-1} \sum_{i=1}^{n} (x_i - \bar{x})^2 \tag{4.9}$$

で計算される。

⑤ 標準偏差

データが平均値からどれくらい離れているかを表し、分散 $v$ の平方根をとったもので、ばらつきの大きさを示す（分散平方根）。不偏分散の平方根をとったものを、標本標準偏差という。標準偏差 $\sigma$ は、

$$\sigma = \sqrt{v} = \sqrt{\frac{1}{n} \sum_{i=1}^{n} (x_i - \bar{x})^2} \tag{4.10}$$

で、標本標準偏差 $\hat{\sigma}$ は、

$$\hat{\sigma} = \sqrt{\hat{v}} = \sqrt{\frac{1}{n-1} \sum_{i=1}^{n} (x_i - \bar{x})^2} \tag{4.11}$$

で計算される。

⑥ 歪度

分布のゆがみ具合を示し、右にゆがんでいるか、左右対称にあるか、左にゆがんでいるかを表す。歪度 $k_3$ は、

$$k_3 = \frac{1}{n-1} \sum_{i=1}^{n} \frac{(x_i - \bar{x})^3}{\sigma^3} \tag{4.12}$$

で計算される。$k_3$ の値から、

$k_3 > 0$ の場合、分布が右に尾を引いている

$k_3 < 0$ の場合、分布が左に尾を引いている

ということができる。左右対称の場合は$k_3=0$となる（図4.2）。たとえば$k_3<0$で、分布が左に尾を引いている（左にファットテール）といった場合は、$k_3=0$の分布と比較し、平均値よりかなり小さな値が出る可能性が高い分布であることがわかる。リスク評価のうえでは、損失の出る方向のみをリスクとして考える。そのため片側サイドのばらつきがどうなっているかが、重要になってくる。左に尾を引いている（左にファットテール）といった場合にはリスクを高く評価するような検討が必要である。

⑦　尖度

分布の尖り具合を示す統計値である。正規分布を基準とした場合に、正規分布より尖っているか、同じ形状か、正規分布より偏平かを比較することができる。尖度$k_4$は、

$$k_4 = \frac{1}{n-1} \sum_{i=1}^{n} \frac{(x_i - \bar{x})^4}{\sigma^4} \qquad (4.13)$$

で計算される。$k_4$の値から、

$k_4>3$の場合、正規分布より尖っている

$k_4<3$の場合、正規分布より扁平となっている

ということができる。正規分布の場合は$k_4=3$となるため、裾野が広がった場合は、平均値から離れたデータがあるということがわかる（図4.3）。

（4.13）式は、統計値の定義として用いられる一般的な式であるが、分析用のライブラリのなかには、正規分布の時に$k_4=0$となるように、計算式が定義されている場合もあるので、定義を確認する必要がある。たとえばExcelの分析ツールの尖度$k_4$は以下の式で計算されている。

図4.2　歪度

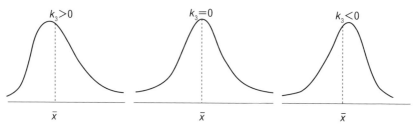

図4.3　尖度

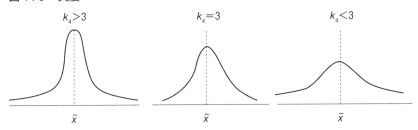

$$k_4 = \frac{n(n+1)}{(n-1)(n-2)(n-3)} \sum_{i=1}^{n} \frac{(x_i - \bar{x})^4}{\sigma^4} - 3 \frac{(n-1)^2}{(n-2)(n-3)} \qquad (4.14)$$

　このような基本統計量をみれば、①平均値、②中心値（メジアン）、③最頻値が「分布の中心はどうなっているか」の指標として、④分散、⑤標準偏差が「分布のばらつきがどうなっているか」の指標として、⑥歪度、⑦尖度は分布のかたちに関する指標として、基本的なデータの特性が確認できる。

　分布のかたちを視覚的に確認するために、図4.1で示したようなヒストグラム（度数分布）を作成することが多い。ヒストグラムとは度数分布表を視覚的に棒グラフで表示したものである。ただし、ヒストグラムでは、階級の幅と高さで表現されるので、階級の幅のとり方によって形状が異なった印象になる場合があるので、注意が必要である。

　ヒストグラムを読み取るポイントとしては、
　・ヒストグラムの山が単峰型か双峰型（あるいは多峰型）か
　・ヒストグラムの山が左右対称か非対称か
といったことがある。

　同質の集団のなかでの平均的な傾向は、1つのヒストグラムの山（単峰）になって表れるが、ヒストグラムの山が双峰となって表れている場合は、異質な集団が含まれることが想定される。

　集団の平均的な傾向がどこにあるか、ばらつきはどのような状態か、異質なデータや多数の傾向から異なるデータの存在があるかを視覚的に読み取るのが、ヒストグラムを作成する目的である。

## ⑶ 代表的な分布の形状

ここで、代表的な分布のかたちについて解説する。

### ① 正規分布

データのばらつきを表現するものが分布であり、その基本的な分布が正規分布である。正規分布は、分布（密度関数）の山が1つで、平均を中心に左右対称な分布となる。正規分布は、平均 $\bar{x}$ と分散 $\sigma^2$（もしくは標準偏差 $\sigma$）の2つの値が与えられると分布が一意に決まり（1つに確定する）、自然現象、物理現象などを説明するときによく用いられる。平均0、分散1（もしくは標準偏差1）となる正規分布を標準正規分布という。

正規分布には、以下のような特性がある。

・正規分布は、平均（$\bar{x}$）に関して左右対称である。

・正規分布の平均、中央値、最頻度はすべて等しく $\bar{x}$ である。

・分散・標準偏差の値が大きいほど、正規分布は扁平になる。

・正規分布の曲線（密度関数）以下の $x$ 軸との間の面積は確率を表し、正規分布の面積の合計は1である。

個々のデータが、集団のなかでどのような位置にあるのかを分析するには、相対的な評価を行うことが必要である。たとえば、集団Aは平均10,000、標準偏差1,000、集団Bは平均1,000、標準偏差200、の正規分布にそれぞれ従っているものとする。集団Aに属するデータ a の値は平均より500少ない9,500であり、同じく集団Bに属するデータ b の値は平均より500少ない500であるものとする。このとき、データ a とデータ b とでは、データ集団のなかでの位置づけは大きく異なるはずである。なぜなら、集団Aと集団Bとでは、平均や標準偏差のスケールがまったく異なり、単純に差を比較しても意味がないからである。このような、異なる正規分布に属するデータを比較する場合には、スケールをあわせることで相対的な評価を行う必要がある。平均からの距離は、ばらつきの大きさを表し、標準偏差は、この距離を判断する基準となる。そこで、標準偏差1単位当りの個々のデータの平均からの距離である z-score によって、個々のデータの位置づけを評価する。z-score の値 $Z_i$ を以下の式で求める。

$$Z_i = \frac{x_i - \bar{x}}{\sigma} \qquad\qquad (4.15)$$

このようにデータ値から平均を引き標準偏差で除すことで集団の平均を0、標準偏差を1とすることを基準化（標準化）といい、正規分布に従うデータを基準化したものは標準正規分布に従う。なお、正規分布に従っていないデータを基準化しても、平均0、標準偏差1の分布とはなるが、あくまでも元の分布のかたちをしており、標準正規分布とはならないので注意が必要である。なお、偏差値とは、z-scoreをさらに平均50、標準偏差10に変換したものである。

　平均を中心に左右対称の分布である正規分布は、平均と標準偏差の2つがわかれば1つの形状が決まり、曲線以下の面積が具体的な確率として対応するため、決められた範囲の割合を表現することができる。言い換えれば正規分布は確率分布モデルであり、ばらつき方は確率で示される。

　確率とは、不確実な要素が生起する割合を数値として表現するものである。確率分布（分布関数）は、確率変数の確率的性質を表現し、ある値 $x$ 以下の値が生起する割合が、全体の事象の何パーセントなのかを示している。このことは、ある値以上、または、ある値以下になる確率を求められることを意味する。

　ここで、正規分布の平均 $\bar{x}$ と標準偏差 $\sigma$ を用いてデータのばらつきを把握してみよう。図4.4は、ある値 $x$ が正規分布に従うと仮定し、標準偏差 $\sigma$ によって範囲を特定した場合の生起割合、すなわち生起確率を示したものである。

　　・$\bar{x} \pm 1 \times \sigma$ の範囲に、データ全体の68.3%が含まれる
　　・$\bar{x} \pm 2 \times \sigma$ の範囲に、データ全体の95.0%が含まれる
　　・$\bar{x} \pm 3 \times \sigma$ の範囲に、データ全体の99.7%が含まれる

　この図から、平均 $\mu$ からみて標準偏差の3倍以上も離れているデータは、ほとんど生起しないデータということができる。このように、ばらつきをつかむことは起こりやすさを測ることでもある。

② 　カイ二乗分布

図4.4　正規分布

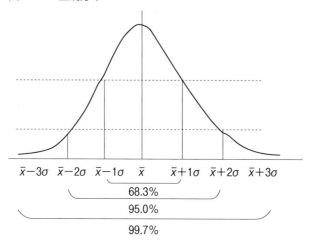

$\bar{x}-3\sigma$　$\bar{x}-2\sigma$　$\bar{x}-1\sigma$　$\bar{x}$　$\bar{x}+1\sigma$　$\bar{x}+2\sigma$　$\bar{x}+3\sigma$

68.3%

95.0%

99.7%

　あるデータを用いて、調査対象すべて（母集団）についてその事象の特徴や傾向を調べるといった場合がある。しかしながら母集団のすべてについて調査できない場合は、母集団のなかから$n$個のサンプル（標本）を取り出して分析し、その結果から母集団の特徴や傾向について推測することになる。このように、集団の一部のデータ（標本）から集団全体の特徴や傾向を明らかにする手法のことを推測統計学という。これは、標本の情報から、推定や仮説検定で推測の妥当性の判断を行い、母集団の状況を推測する統計学である。

　標本から得られた結果を母集団に拡張するためには、標本が変わることによって、求めるデータが変動する標本変動を意識する必要がある。

　仮説を立ててそれを検証する仮説検定では、立てた帰無仮説をそれが本当は正しいのに棄却するリスクを、検定結果のp値（有意確率）として表す。慣習的に10%、5％、1％を有意水準とし、p値がこの有意水準と比較し小さければ棄却する判断が誤っている可能性は低いことから、帰無仮説を棄却する。

　平均$\bar{x}$と分散$\sigma^2$の正規分布に従う母集団から抽出した$n$個の無作為標本を考えるとき、

$$\sum_{i=1}^{n}\left(\frac{x_i-\bar{x}}{\sigma}\right)^2 \sim \chi^2(n) \tag{4.16}$$

は、自由度 $n$ のカイ二乗分布に従う。自由度とは、変数のうち独立に選べる
ものの数であり、全変数の数から、たとえば重回帰モデルに利用する変数の
数を引いたものである。また、（4.16）式の「～」は右辺の分布に従うとい
うことを意味し、「$\chi$」はカイと読む（図4.5）。

③　t 分布

　平均 $\bar{X}$ と分散 $\sigma^2$ の正規分布に従う母集団から抽出した $n$ 個の無作為標本を
考えるとき、標本平均 $\bar{x}$ は平均 $\bar{X}$ と分散 $\sigma^2/n$ をもつ正規分布に従う。確率変
数 $\bar{x}$ を基準化した変数を $Z_n$ とすると、

$$Z_n = \frac{\bar{x}-\bar{X}}{\sqrt{\dfrac{\sigma^2}{n}}} \sim N(0,1) \tag{4.17}$$

は標準正規分布に従う確率変数となる。また、$U$ を自由度 $k$ のカイ二乗分布
に従う確率変数とすると、$Z_n$ と $U$ が独立ならば、

$$T_k = \frac{Z_n}{\sqrt{\dfrac{U}{k}}} \tag{4.18}$$

は、自由度 $k$ の t 分布に従う。

④　F 分布

　$U$ を自由度 $m$ のカイ二乗分布に従う確率変数、$V$ を自由度 $n$ のカイ二乗分

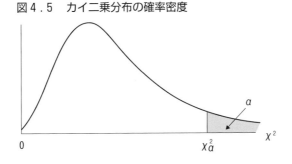

図4.5　カイ二乗分布の確率密度

布に従う確率変数とすると、$U$と$V$が独立ならば、

$$Y = \frac{U/m}{V/n} \qquad (4.19)$$

は、自由度$m$, $n$の$F$分布に従う。

## ▋4.3　その他の基本統計量

　4.2節のところでは、データのばらつきの中心傾向を表す数値の1つとして、平均と中心値を説明した。そこでは、平均が代表値といえるのは、データに外れ値がなく、データにゆがみがない場合であり、中央値は、データを順番に並べて真ん中に位置する数値であることから、データの値の大きさによらない中心値をつかむことができることを述べた。

　データに外れ値やゆがみが観測される状態で、ばらつきについて検討する場合、あるいは外れ値を発見する場合などに、先にあげた基本統計量に加え、中央値を含む四分位点、四分位範囲、四分位偏差などを利用することができる。

　四分位点は、中央値と同様にデータを小さい（大きい）順番に並べて、データの範囲を4等分する3つの値のことを指す。具体的には小さい順から25％点（第1四分位点）、50％点（第2四分位点）、75％点（第3四分位点）という。50％点（第2四分位点）は中央値（メジアン）となり、データが偶数の場合は、真ん中の2つの数値の平均値となる。

　四分位範囲は、四分位点をもとに25％大きい（第3四分位点を超える）データと、25％小さい（第1四分位点未満）データを捨て、中心値のデータの範囲をつかむ統計量である（75％点と25％点との差）。これは、仮に最大値から最小値を引いたものを範囲とした場合、外れ値の影響を受けやすいことから、中央の50％の範囲をばらつきの尺度として考えたものである。

　同様の考え方で、中央の80％の範囲をつかむ十分位範囲、中央の60％の範囲をつかむ五分位範囲を検討することもある。四分位偏差は、四分位範囲の半分の値である。

四分位をもとに、ばらつきを視覚的につかめるのが箱ひげ図である。これは、データのばらつきのようすを、中心の50％の範囲を表す箱と、箱の両端から伸びたひげを使ってグラフに表したものである。この図は、一般に四分位グラフともいわれ、分布のゆがみを50％点からみた箱の非対称性でつかむことができる。

　図4.6は、ヒストグラムおよび箱ひげ図を示したものである。それぞれの分位点までの間隔は均等ではなく、最小値から25％点のひげの長さと75％点から最大値のひげの長さとに差があり、また、50％点からみた25％点と75％点は非対象で、分布がゆがんでいることが視覚的にわかる。

## ▌4.4　外れ値や異常値の基準

　データの特性について読み取る際に、他のデータと大きく離れた値がある場合は、その大きく離れた値の存在によって、推定や分析が重大な影響を受ける可能性もある。そのため、そのような値となった原因について検討しながら利用するデータのスクリーニングを行うことが求められる。他のデータと大きく離れた値を含んだ分析結果と、他のデータと大きく離れた値を外れ

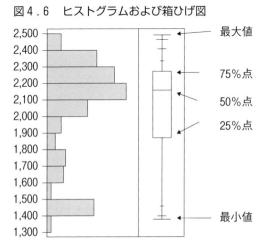

図4.6　ヒストグラムおよび箱ひげ図

値・異常値としてモデルで利用しない場合とでは、推定されるモデルがまったく異なる結果となることも想定される。したがって、モデル構築を行うためには、こうしたデータが異常なのかどうかについて、事前に評価をしておく必要がある。

　ここで、具体的に他のデータと大きく離れた外れ値と異常値の基準を示す。しかしながら、この「外れ値」「異常値」の基準に当てはまるデータが存在しても、この基準はそれらを検出するための目安にすぎず、常に「外れ値」「異常値」であるとは限らない。したがって、「外れ値」「異常値」としてデータから自動的に除外するのではなく、これらのデータを十分に吟味し、統計手法の選択を正しく行ううえでの情報としなければならない。

　一般的に「外れ値」の基準として、

　　　下側の外れ値＜25％点－1.5×四分位範囲（中心50％範囲）

　　　上側の外れ値＞75％点＋1.5×四分位範囲（中心50％範囲）

が用いられる。また、「異常値」の基準としては、

　　　下側の外れ値＜25％点－3×四分位範囲（中心50％範囲）

　　　上側の外れ値＞75％点＋3×四分位範囲（中心50％範囲）

が利用される。


# 4.5　大きく離れた値の取扱い

　大きくかけ離れた値をもったデータを用いて、データ解析、モデル構築を行う場合、大きくかけ離れた値の存在が重大な影響を与える可能性もある。ここでは、データが正規分布に従うと仮定できた場合の、Thompsonの棄却検定方法、Smirnov-Grubbsの棄却検定法について説明する。これらの方法は、データの平均と標準偏差を用いて算定した統計量の確率変動から、統計量分布の有意水準により「データに含まれるかけ離れた値を異常値としていいか」を仮説検定するものである。

## (1) Thompsonの棄却検定

Thompsonの棄却検定法は、観測値の集合体（標本）のなかにきわめて大きいまたは小さい数値があった場合、それを異常値として除外してよいかについて、統計学的に検定する方法である。前提としては、観測データ（標本）が正規分布に従っている必要がある。

Thompsonの棄却検定は、以下の式によって t 検定を行う。

$$\lambda_i = \frac{\tau_i \sqrt{N-2}}{\sqrt{N-1-\tau_i^2}} \qquad\qquad (4.20)$$

$N$：データ数

$\tau_i$： $\tau_i = \dfrac{|x_i - \bar{x}|}{\sqrt{v}}$

$v$： $v = \dfrac{\sum_{i=1}^{N}(x_i - \bar{x})^2}{N}$

「帰無仮説 $H_0$：データ $x_i$ は集合体の他のデータとかけ離れていない」。

この帰無仮説のもとでは、$\lambda_i$ 値は自由度 $N-2$ の t 分布に従う。帰無仮説 $H_0$ が正しければ $\lambda_i$ 値は 0 付近の値となるので、$\lambda_i$ 値の絶対値が大きければ帰無仮説 $H_0$ が棄却されることになる。その基準として用いられるのが有意水準であり、t 分布の両裾の確率が $a$ となる値を $(1-a)$ 有意水準と呼ぶ。この値を $t_a$ と表すと、

$\lambda_i > t_a$

となる確率はたかだか $a$ であるから、この式が満たされるときに帰無仮説は棄却される。

## (2) Smirnov-Grubbsの棄却検定法

Smirnov-Grubbsの棄却検定はThompsonの棄却検定法と同じく、観測値の集合体（標本）のなかにきわめて大きいまたは小さい数値があった場合、それを異常値として除外してよいかについて、統計学的に検定する方法である。前提としては、観測データ（標本）が正規分布に従っている必要がある。

Smirnov-Grubbsの棄却検定法では、かけ離れたデータが１つのときは検出力が高いが、２つ以上になると、１つのかけ離れたデータが他のかけ離れたデータをみえにくくする傾向があり、そのため検出力が低下するといった特徴があるので注意が必要である。ここで、帰無仮説、

「帰無仮説$H_0$：データ$x_i$は集合体の他のデータとかけ離れていない」

を検定する。$\hat{\tau}_i$値は以下の式で算出される。

$$\hat{\tau}_i : \quad \hat{\tau}_i = \frac{|x_i - \bar{x}|}{\sqrt{\hat{v}}} \tag{4.21}$$

$$\hat{v} : \quad \hat{v} = \frac{\sum_{i=1}^{N}(x_i - \bar{x})^2}{N-1}$$

Smirnov-Grubbsの棄却限界値$\hat{\lambda}_a$は、

$$\hat{\lambda}_a = (N-1)\left\{ \frac{\mathrm{t}_{a/N}^2}{N(N-2) + N \cdot \mathrm{t}_{a/N}^2} \right\}^{1/2} \tag{4.22}$$

$$\mathrm{t}_{a/N}^2 : 自由度\,a/N\,\mathrm{のt値}$$

で計算される。Smirnov-Grubbsの棄却検定は、（4.21）式と（4.22）式の比較によって行われる。

# 4.6 単回帰分析（モデル）とは

　企業のデフォルト（倒産）率をなんらかのリスク・ファクターで推定したい、というニーズに対応する最も単純なモデルは、単回帰モデル（一次式（回帰直線））である。たとえば、企業のデフォルトは、マクロ経済の環境に強い影響を受けると考えられる。そこで、観測されたデフォルト率$y(t)$とある１個の経済指標$x(t)$のデータを用い、デフォルト率を１個の経済指標によって説明する単回帰モデル

$$y(t) = a + b \cdot x(t) + e(t) \tag{4.23}$$

$$\hat{y}(t) = \hat{a} + \hat{b} \cdot x(t) \tag{4.24}$$

を構築する。なお、ここでは時間$t$ごとに観測されているデータとしてモデルを取り扱うものとする。

図4.7は、デフォルト率$y(t)$と経済指標$x(t)$の関係を散布図によって表現したものであるが、これらの変数には負の相関が観測される。つまり、$x(t)$が1増加するとデフォルト率の推定値$\hat{y}(t)$が$\hat{b}$だけ減少するといった関係がある。

　このデータの単回帰モデルの式は、

$$\hat{y}(t) = 0.1215 - 0.0254 \cdot x(t)$$

となり、経済指標$x(t)$が1増大すれば、デフォルト率推定値$\hat{y}(t)$が0.0254だけ減少するという関係が示されている。また、$\hat{a}=0.1215$は、この経済指標の値が0の場合のデフォルト率としてとらえられる。

　実際のデフォルト率$y(t)$は、直線上にあるわけではなく散らばっている。実際のデフォルト率$y(t)$（実測値）と推定値$\hat{y}(t)$との差を残差という。

　　残差 $\varepsilon(t) =$ 実測値$y(t) -$ 推定値$\hat{y}(t)$

であり、この残差の二乗和、

$$Q = \sum_{t=1}^{T} \varepsilon(t)^2 = \sum_{t=1}^{T} \{y(t) - \hat{y}(t)\}^2 = \sum_{t=1}^{T} \{y(t) - \hat{a} - \hat{b} \cdot x(t)\}^2 \quad (4.25)$$

　　$t$：データの観測時点 $(t=1,2,3,\cdots,T)$

が最小になるように、$\hat{a}$と$\hat{b}$を決定する方法が最小二乗法である。$Q$を最小

図4.7　デフォルト率と経済指標の単回帰モデル

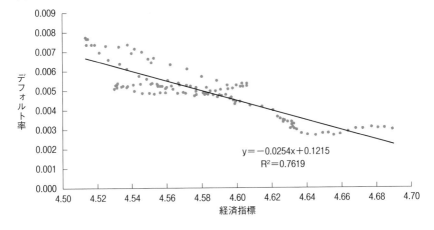

とするような $\hat{a}$ と $\hat{b}$ を求めるには、$Q$ を $\hat{a}$ と $\hat{b}$ とで偏微分してそれらを 0 とすることで計算できる。すなわち、

$$
\begin{cases}
\dfrac{\partial Q}{\partial \hat{a}} = -2\sum_{t=1}^{T} \{y(t) - \hat{a} - \hat{b} \cdot x(t)\} = 0 \\[3mm]
\dfrac{\partial Q}{\partial \hat{b}} = -2\sum_{t=1}^{T} \{x(t) \cdot y(t) - \hat{a} \cdot x(t) - \hat{b} \cdot x(t)^2\} = 0
\end{cases}
$$

とおいてこれらを整理すると、

$$
\begin{cases}
\sum_{t=1}^{T} y(t) = T \cdot \hat{a} + \hat{b} \sum_{t=1}^{T} x(t) \\[3mm]
\sum_{t=1}^{T} x(t) \cdot y(t) = \hat{a} \sum_{t=1}^{T} x(t) + \hat{b} \sum_{t=1}^{T} x(t)^2
\end{cases}
$$

となり、これらの式を解くと、

$$
\hat{a} = \bar{y} - \hat{b} \cdot \bar{x} \tag{4.26}
$$

$$
\hat{b} = \frac{C_{xy}}{\sigma_x^2} \tag{4.27}
$$

が得られる。ここでの、

$$
\bar{x} = \frac{1}{T} \sum_{t=1}^{T} x(t)
$$

$$
\bar{y} = \frac{1}{T} \sum_{t=1}^{T} y(t)
$$

はそれぞれデータ $x(t)$ と $y(t)$ の平均、$C_{xy}$ は、データ $x(t)$ と $y(t)$ の標本共分散、

$$
C_{xy} = \frac{1}{T-1} \sum_{t=1}^{T} \{x(t) - \bar{x}\} \{y(t) - \bar{y}\}
$$

$\sigma_x^2$ はデータ $x(t)$ の不偏分散である。

$$
\sigma_x^2 = \frac{1}{n-1} \sum_{t=1}^{T} \{x(t) - \bar{x}\}^2
$$

## 4.7　単回帰分析の特徴

　単回帰モデルの特徴は、点 $(x(t),\ y(t))$ から直線 $\hat{y}(t) = \hat{a} + \hat{b} \cdot x(t)$ への垂直方向の距離の二乗の和が最小化されているということと、回帰直線が $x(t)$ と $y(t)$ の平均値の座標 $(\bar{x},\ \bar{y})$ を通過するという点である。このことは、平均値 $\bar{x}$ と実際に観測されたデータ $x(t)$ の差異 $x(t) - \bar{x}$ の値が大きいデータの残差 $\varepsilon(t)$ のほうが、相対的に大きなウエイトで評価されることを意味している。

　回帰直線は、目的変数（被説明変数）$y(t)$ と説明変数 $x(t)$ との関係を表したものである。この回帰直線が、データの傾向をよく示しているかどうか、直線のまわりにデータがどれくらい集中しているかを、評価する必要がある。当てはまりの良さを判断するための指標として、説明変数 $x(t)$ の変動が目的変数 $y(t)$ の変動の何パーセントを説明するかを示す $R^2$ 値（決定係数もしくは寄与率）等が用いられる。

　表4.2は、Excelの分析ツールで作成した、デフォルト率を経済指標によって説明する単回帰モデルの統計量の例を表したものである。ここで、単回帰モデルの評価を行う際のそれぞれの統計量について解説する。

　表4.2の分散分析表にある「変動」の欄に示されているのは、回帰直線とデータのばらつきを評価するための平方和と呼ばれる値であり、以下の式で計算される。

$$回帰（予測値）の変動：S_R = \sum_{t=1}^{T} |\hat{y}(t) - \bar{y}|^2$$

$$残差の変動　　　　：S_E = \sum_{t=1}^{T} |y(t) - \hat{y}(t)|^2$$

$$合計（実測値）の変動：S_T = \sum_{t=1}^{T} |y(t) - \bar{y}|^2$$

　予測値の変動 $S_R$ は、$y$ のばらつきのうち $x$ を原因として説明できる部分の大きさを、残差の変動 $S_E$ は $x$ で説明できない部分の大きさを表す。また、実測値（合計）の変動 $S_T$ は、予測値（回帰）の変動 $S_R$ と残差の変動 $S_E$ を合計し

表4.2　単回帰モデルの統計量

概要

| 回帰統計 | |
|---|---|
| 重相関　R | 0.872849 |
| 重決定　R2 | 0.7618654 |
| 補正　R2 | 0.7599135 |
| 標準誤差 | 0.0006149 |
| 観測数 | 124 |

分散分析表

| | 自由度 | 変動 | 分散 | 観測された分散比 | 有意F |
|---|---|---|---|---|---|
| 回帰 | 1 | 0.000148 | 0.000148 | 390.3153 | 7.98E-40 |
| 残差 | 122 | 4.61E-05 | 3.78E-07 | | |
| 合計 | 123 | 0.000194 | | | |

| | 係数 | 標準誤差 | t | P-値 | 下限95% | 上限95% |
|---|---|---|---|---|---|---|
| 切片 | 0.1215034 | 0.005902 | 20.58559 | 1.67E-41 | 0.109819 | 0.133188 |
| 経済指標 | -0.025446 | 0.001288 | -19.7564 | 7.98E-40 | -0.028 | -0.0229 |

たものであり、

$$S_T = S_R + S_E \qquad (4.28)$$

という関係がある。

　残差の変動$S_E$がより小さい回帰式のほうが、当てはまりが良いと想定されるが、実測値の変動$S_T$に対する残差の変動$S_E$の割合としたほうがとらえやすい。そこで、この式の両辺を実測値（合計）の変動$S_T$で割ると、

$$1 = \frac{S_R}{S_T} + \frac{S_E}{S_T} \qquad (4.29)$$

となり、$\frac{S_R}{S_T}$の値が1に近いほど$\frac{S_E}{S_T}$が0に近づき、当てはまりが良いと考えられる。

　このような$R^2$を決定係数（寄与率）と呼び、

$$R^2 = \frac{S_R}{S_T} = 1 - \frac{S_E}{S_T} \qquad (4.30)$$

で定義する。

　説明変数 $x$ が目的変数 $y$ のばらつきにまったく無関係であれば、説明変数 $x$ のもつ目的変数 $y$ に対する説明力が 0 ということになる。このとき $R^2$ 値は 0、すなわち寄与率は 0 ％となり、モデルは全体の残差をまったく説明していないことになる。値が 1 であれば、そのモデルは全体の残差を100％説明することになる。

　また、実測値 $y$ と予測値 $\hat{y}$ との相関係数は重相関係数と呼ばれるが、決定係数はこの値の二乗であり、重相関係数は $R$ である。つまり、$x$ と $y$ の相関係数を $\rho_{xy}$ とすると、単回帰分析の場合には、$R^2$ は $\rho_{xy}^2$ に一致する。

　表 4.2 の例では、統計量 $R^2$ =0.761865 であるから、全体の残差の約76％がこのモデルにより説明されていることがわかる。また、相関係数 $\rho$ = −0.87285 の二乗と決定係数 $R^2$ が一致している。

　表 4.2 の分散分析表にある分散とは、平方和を自由度 $p$ で除したものであり、

$$回帰（予測値）の分散：V_R = \frac{S_R}{p}$$

$$残差の分散　　　　　：V_E = \frac{S_E}{n-p-1}$$

で計算される。ここで、$p$ は説明変数の個数であり、$n$ はデータ数である。

　決定係数を分析に用いるときに注意が必要なのは、決定係数は説明変数と目的変数の間になんらかの関係があるかどうかについては判断できるが、予測式としての有効性については示していないということである。

　以下の式で計算される $F$ 値（分散比）は、「帰無仮説 $H_0：\hat{b}=0$」を検定することで、回帰式が役に立つのかを調べるためのものである。

$$F_0 = \frac{V_R}{V_E} \tag{4.31}$$

　帰無仮説 $H_0$ は、説明変数 $x$ の回帰モデルの係数が 0 $(\hat{b}=0)$ であれば、その説明変数はなくてもよい、すなわちその回帰式は予測に役立たないことを示したものである。したがって、帰無仮説 $H_0$ が棄却されれば、その回帰式が

表4.3　分散分析表の計算

|  | 自由度 | 変動 | 分散 | F 統計量 | p 値（F） |
|---|---|---|---|---|---|
| 回帰 | $p$ | $S_R = \sum_{i=1}^{n} (\hat{y}_i - \bar{y})^2$ | $V_R = \dfrac{S_R}{p}$ | $F_0 = \dfrac{V_R}{V_E}$ | |
| 残差 | $n-p-1$ | $S_E = \sum_{i=1}^{n} (y_i - \hat{y}_i)^2$ | $V_E = \dfrac{S_E}{n-p-1}$ | | |
| 合計 | $n-1$ | $S_T = \sum_{i=1}^{n} (y_i - \bar{y})^2$ | | | |

有用であるということになる。

　$F$ 検定統計量は、自由度（$p, n-p-1$）の $F$ 分布に従うことから、

$$F_0 \geq F_{(p, n-p-1)}(a) \tag{4.32}$$

であれば、有意水準 $a$ で帰無仮説 $H_0$ が棄却される。ただし、$F_{(p, n-p-1)}(a)$ は自由度（$p, n-p-1$）の $F$ 分布の $a$ ％点を表す。この例では、$a = 0.05$ のとき、

$$F_0 = 390.3153 \geq F_{(1,122)}(0.05) = 3.9188$$

であるから帰無仮説 $H_0$ は棄却され、この回帰式は予測に役立っているととらえられる。なお、次に説明する重回帰分析のときにはこの検定は一般に意味がなく、また単回帰分析のときには後述する $\hat{b}$ 検定と同じ意味となる。

　表4.3に、分散分析表における計算式をまとめた（p 値については後述）。

## 4.8　単回帰モデルの推定値

　経済指標 $x$ によってデフォルト率 $y$ を推定するモデルを、単回帰モデルにより作成すると、$\hat{y}(t) = 0.1215 - 0.0254 x(t)$ を求めることができた。

　母集団での回帰係数 $a$, $b$ と、サンプルから推定した $\hat{a}, \hat{b}$ とは一般には一致せず、サンプルのとり方によって異なる値となる。この推定値の標準偏差が標準誤差であり、$b$ の推定値の標準誤差 $D[\hat{b}]$ は、

$$D[\hat{b}] = \frac{\sigma}{\sqrt{S_{xx}}} \tag{4.33}$$

で計算される。$\sigma$ は母集団の標準偏差（母標準偏差）、$S_{xx} = \sum_{t=1}^{T} \{x(t) - \bar{x}\}^2$ は $x$ の偏差平方和である。ところが、母標準偏差 $\sigma$ は未知であるから、その値として推定値である $\sqrt{V_E}$ を用いたのが表 4.2 の（推定）標準誤差であり、

$$\hat{D}[\hat{b}] = \frac{\sqrt{V_E}}{\sqrt{S_{xx}}} \tag{4.34}$$

で計算される。

t 統計量は、$\hat{b}$ の値を（推定）標準誤差で除した、

$$t = \frac{\hat{b}}{\hat{D}[\hat{b}]} \tag{4.35}$$

であり、「帰無仮説 $H_0 : \hat{b} = 0$」のもとでは、この値は自由度 $n-2$ の t 分布に従うため t 値と呼ばれる。帰無仮説 $H_0$ が成立するとき、つまり $\hat{b} = 0$ が正しければ t 値は 0 付近の値となるので、t 値の絶対値が大きければ帰無仮説が棄却されることになる。

その基準として用いられるのが有意水準であり、t 分布の両裾の確率が $a$ となる値を $(1-a)$ 有意水準と呼ぶ。この値を $t_a$ と表すと、

$$|t| = \frac{|\hat{b}|}{\hat{D}[\hat{b}]} > t_a \tag{4.36}$$

となる確率はたかだか $a$ であるから、この式が満たされるときに帰無仮説は棄却される。この $t_a$ の値については、（$n-2 = 122$ のとき）99％有意水準で $t_{0.01} = 2.616$、90％有意水準で $t_{0.1} = 1.657$ などが利用される。表 4.2 では「経済指標」の t 欄の値 $-19.7564$ が t 値であり、この場合には帰無仮説は 99％有意水準で棄却されるので、$\hat{b}$ は（0 とはいえないので）意味のある推定値である。

p 値とは、t 分布において求められた t 値の値を実現値が超えてしまう確率のことであり、有意確率とも呼ばれる。慣習的には、p 値が 5％以下であれば「仮説 $H_0$ は有意である」、1％以下であれば「仮説 $H_0$ は高度に有意である」といわれる。

$b$ と、その推定値である $\hat{b}$ が一致する保証はない。そこで、$\hat{b}$ が特定区間に入る確率 $(1-a)$ を定めて、その区間を推定したものが区間推定であり、信頼率 $(1-a) \times 100\%$ の信頼区間とも呼ばれる。

$\hat{b} \neq 0$ という条件のもとで、（4.36）式と同様に、$b$ が特定区間に入るための必要十分条件は、

$$\frac{|\hat{b}-b|}{\hat{D}[\hat{b}]} \leq t_a \tag{4.37}$$

と考えると、

$$b - t_a \hat{D}[\hat{b}] \leq \hat{b} \leq b + t_a \hat{D}[\hat{b}]$$

であり、$(1-a)$ の確率で $b$ が含まれる区間は、

$$\hat{b} - t_a \hat{D}[\hat{b}] \leq b \leq \hat{b} + t_a \hat{D}[\hat{b}] \tag{4.38}$$

で与えられる。表4.2では「経済指標」の下限95％欄の値−0.028が95％の信頼区間の下限値、上限95％欄の値−0.0229が95％の信頼区間の上限値を示している。

## 4.9 残差分析

　これまで、回帰分析の計算方法と各統計量について説明してきた。しかし、ここで注意が必要なのは、求めたモデルはあくまで仮定された単回帰モデルの前提条件を満たすときにはじめて成り立つという点である。単回帰モデルでは、分析に用いられるデータが母集団からの無作為抽出であることと、単回帰モデルを、

$$y(t) = a + b \cdot x(t) + e(t) \tag{4.39}$$

と表した場合、残差 $e(t)$ の確率分布に以下のような仮定が置かれていることに注意する必要がある。したがって、実際のデータ解析ではそれらの仮定が満たされているかどうかの検定や診断を繰り返しながらモデル構築を図ることになる。

　まず、残差 $e(t)$ の確率分布に関する仮定として、以下が満たされる必要がある。

仮定1．不偏性　　　$E[e(t)]=0$

　　　　残差$e(t)$の期待値は常に0

仮定2．等分散性　　　$V[e(t)]=\sigma^2$

　　　　残差$e(t)$の分散は観測時点とは無関係

仮定3．残差の系列無相関性　　　$E[e(t)e(s)]=0, t\neq s$

　　　　異なる時点の残差$e(t)$は互いに無相関

仮定4．説明変数と残差の無相関性　　　$E[e(t)(x(t)-\bar{x})]=0$

　　　　説明変数と残差は互いに独立

仮定5．正規性

　　　　残差$e(t)$は正規分布に従う

仮定1〜仮定4が満たされているとき、「標準的な回帰モデル」といわれ、仮定1〜仮定5が満たされているときに「標準的な正規回帰モデル」と呼ばれる。

　次に、回帰分析を診断するための1つの手段として用いられる、残差と独立変数プロット図について概説する。残差と独立変数プロット図とは、横軸に独立変数$x(t)$、縦軸に残差$e(t)$をとってプロットしたものであり、残差の振る舞いを調べることを目的としたものである。全体的なばらつきのパターンについて、以下のような関係が成立しているかを直感的に検証することができる。

① 残差$e(t)$の平均値は0

② 残差$e(t)$と予測値$\hat{y}$は無相関

③ 外れ値は存在しない

　もしこの図のなかになんらかのパターンが見出せるなら、「本来は曲線で表すべきモデルに直線を当てはめた」というようなモデル選択上の問題や、モデルの前提条件が成り立っていないということが考えられる。残差$e(t)$と予測値$\hat{y}$のプロット図も、上記を診断するための手段となる。

## 4.10 重回帰分析

重回帰モデルは、ある目的変数を複数の説明変数の線形結合で説明するモデルであり、$n$ 個の説明変数を用いた場合は、

$$y(t) = a + b_1 \cdot x_1(t) + b_2 \cdot x_2(t) + \cdots + b_n \cdot x_n(t) + e(t)$$

$$= a + \sum_{i=1}^{n} b_i \cdot x_i(t) + e(t) \qquad (4.1)$$

$$e(t):\text{残差（誤差）}$$

として表される。

重回帰モデルで用いられる統計量は単回帰モデルと共通なものが多く、また、モデルの仮定も単回帰モデルの残差 $e(t)$ の確率分布に関するものと同じである。重回帰モデルが単回帰モデルと異なる点は、

① モデル選択の基準

② 共線性

であり、実際のモデル構築にあたっては、これらについて十分に分析しなければならない。また当然のことであるが、こうした分析以前に説明変数に何を用いるかという変数選択の検討が必要なことは言うまでもない。

最初に、変数選択については考慮せずに、デフォルト率 $y$ を「長期国債10年利回り $x_1$」、「最終消費支出 $x_2$」、「消費者物価指数 $x_3$」といった3つの経済要因で説明する重回帰モデルを構築し、各種統計手法の意味や、分析の留意点などについて解説する。

表4.4は、このモデルについてExcelの分析ツールを利用して出力した結果の例示である。

重回帰モデルでは、各変数の回帰係数を偏回帰係数と呼んでいる。変数 $x_i$ のパラメータ $b_i (i=1,2,\cdots,n)$ の推定値を $\hat{b}_i$ で表すと、偏回帰係数 $\hat{b}_i$ は $i$ 番目の変数 $x_i$ 以外を一定値とし、$x_i$ だけが1単位増加した場合の目的変数 $\hat{y}$ の増加量である。

推定されたモデルは、

$$\hat{y}(t) = 0.012042 + 0.149205x_1(t) - 5.376973x_2(t) - 23.797393x_3(t)$$

である。したがって、「長期国債10年利回り」の偏回帰係数は0.149205であ

表４．４　デフォルト率を、長期国債10年利回り、最終消費支出、消費者物価指
　　　　数で説明する重回帰モデル

概要

| 回帰統計 | |
| --- | --- |
| 重相関　R | 0.8870454 |
| 重決定　R2 | 0.7868496 |
| 補正　R2 | 0.7655345 |
| 標準誤差 | 0.1499114 |
| 観測数 | 34 |

分散分析表

| | 自由度 | 変動 | 分散 | 観測された分散比 | 有意F |
| --- | --- | --- | --- | --- | --- |
| 回帰 | 3 | 2.4888361 | 0.8296120 | 36.9152261 | 3.41188E-10 |
| 残差 | 30 | 0.6742031 | 0.0224734 | | |
| 合計 | 33 | 3.1630392 | | | |

| | 係数 | 標準誤差 | t | P-値 | 下限95% | 上限95% |
| --- | --- | --- | --- | --- | --- | --- |
| 切片 | 0.012042 | 0.028440 | 0.423434 | 0.674999 | -0.046040 | 0.070125 |
| 長期国債10年利回り | 0.149205 | 0.067642 | 2.205815 | 0.035198 | 0.011062 | 0.287348 |
| 最終消費支出 | -5.376973 | 3.000895 | -1.791790 | 0.083259 | -11.505617 | 0.751671 |
| 消費者物価 | -23.797393 | 4.685692 | -5.078736 | 0.000019 | -33.366853 | -14.227932 |

るから、他の変数を一定にした場合、「長期国債10年利回り」が１単位増加
するとデフォルト率は0.149205増加することを意味している。

　ただし、重回帰モデルの場合には、説明変数として利用する各データの単
位（スケール）が一般的には異なるため、偏回帰係数の大きさによって単純
に影響度の大きさを比較することはできない。こうした説明変数の単位の違
いを修正するためには、標準偏回帰係数が用いられる。これは、$x_i$ と $y$ のそ
れぞれの標準偏差を $\sigma_i, \sigma_y$ とすると、$x_i$ が標準偏差（$\sigma_i$）分だけ変化したと
き、$y$ の変化分はその標準偏差 $\sigma_y$ の何倍に相当するかを示したものであり、
$x_i$ の標準偏回帰係数 $\hat{b}_i^*$ は、

$$\hat{b}_i^* = \frac{\sigma_i}{\sigma_y} \hat{b}_i \tag{4.40}$$

により計算される。

次に単回帰と同様に、予測式としての有効性について、ｔ統計量を用いて傾きの検定を行うことを考える。傾き$\hat{b}_1$のｔ値は2.20581、ｐ値は0.03520となって、「帰無仮説$H_0 : \hat{b}_1 = 0$」は95％の有意水準で棄却される。すなわち、$\hat{b}_1 = 0$ではなく、回帰式の傾き$\hat{b}_1$は意味がある（モデルとして有効）ということが示されている。傾き$\hat{b}_2$のｔ値は$-1.79179$、ｐ値は0.08326で「帰無仮説$H_0 : \hat{b}_2 = 0$」は95％の有意水準で棄却することができない。つまり$\hat{b}_2 = 0$でないとはいえず、回帰式の傾き$\hat{b}_2$は意味がないということが示されている。傾き$\hat{b}_3$のｔ値は$-5.07874$、ｐ値は0.00002で「帰無仮説$H_0 : \hat{b}_3 = 0$」は95％の有意水準で棄却される。すなわち、$\hat{b}_3 = 0$ではなく、回帰式の傾き$\hat{b}_3$は意味がある（モデルとして有効）ということが示されている。

　重回帰モデルで注意が必要なのは、たとえば２つの説明変数で作成したモデルに任意の変数を１つ追加すると、決定係数$R^2$や重相関係数$R$が必ず増大してしまうという点である。したがって、モデルに含まれる説明変数の数が異なる場合には、こうした指標を用いてモデル間の説明力の評価はできない。

　そこでこの問題を解決するために、自由度調整済決定係数（補正$R^{*2}$）やAIC（赤池情報量基準）が、説明変数の個数が異なる場合の、モデル間の比較に利用される。

　まず、自由度調整済決定係数$R^{*2}$は（4.30）式で示された決定係数$R^2$を、以下のように自由度で除して調整したものである。

$$R^{*2} = 1 - \frac{S_E / (n-p-1)}{S_T / (n-1)} \tag{4.41}$$

　（4.41）式と（4.30）式より、決定係数と自由度調整済決定係数との間には、

$$R^{*2} = R^2 - \frac{p}{n-p-1}(1-R^2)$$

という関係があることがわかる。

　また、AICは以下の式で計算される情報量基準である。

$$\text{AIC} = n \left\{ \log \left( 2\pi \frac{S_E}{n} \right) + 1 \right\} + 2(p+2) \tag{4.42}$$

　AICをモデルの評価に用いる場合に注意が必要なのは、AICは情報量ではなく情報量基準であるという点である。つまりAICの値自体には、数値的な評価基準としての意味があるわけではなく、モデル間のAICの値を相対比較することで、説明力の有意性の大小を比較検討することに用いられる。たとえば、いくつかのモデルについてAICを計算し、最小のAICが計算されたモデルを、そのなかで最適なモデルとしてとらえるのである。

　重回帰分析では共線性（多重共線性）の問題に注意する必要がある。これは、相関の高い説明変数をモデルのなかに同時に加えると、見かけ上のモデルの説明力が上昇したり、偏回帰係数が求まらない、偏回帰係数の符号が本来のモデルの解釈とは逆転してしまうといった現象が表れ、信頼性の低いモデルとなってしまうことがあるからである。

　したがって重回帰分析を行う際には、事前にデータ間の相関分析を行う必要がある。こうした現象が起こる理由は、重回帰分析の偏回帰係数を計算する際に行う分散共分散行列の逆行列の計算にある。すなわち、相関が1に近い場合には逆行列が計算できなかったり、できても誤差が非常に大きなものとなってしまうことがあるからである。

　単回帰分析の場合の標準誤差は（4.34）式で示したとおりであるが、単回帰分析で用いた説明変数の偏差平方和$S_{xx}$と、重回帰分析のなかの1つの説明変数での偏差平方和$S_{11}$は等しい。よって、（4.34）式は、

$$\hat{D}[\hat{b}_1] = \frac{\sqrt{V_E}}{\sqrt{S_{xx}}} = \frac{\sqrt{V_E}}{\sqrt{S_{11}}} \tag{4.43}$$

となると考えられる。しかし、これは説明変数間の相関がない場合であり、たとえば2説明変数を用いたモデルでは、1番目の説明変数に対する標準誤差は、1番目と2番目の説明変数の相関係数を$\rho_{12}$とすると、

$$\hat{D}[\hat{b}_1] = \frac{\sqrt{V_E}}{\sqrt{S_{11}(1 - \rho_{12}^2)}} \tag{4.44}$$

で与えられる。

ここで、$n$ 個の説明変数を用いた場合の一般形について、証明なしに記述しておく。

$$TOL_i \equiv 1 - R_i^2 \quad (1 \leq i \leq n) \tag{4.45}$$

は説明変数 $i$ のトレランスと呼ばれ、$R_i$ は $n$ 個の説明変数のなかから変数 $x_i$ を目的変数、他の $n-1$ 個の変数を説明変数とした場合の、重回帰分析における重相関係数である。このとき、（4.34）式と同様に、

$$\hat{D}[\hat{b}_i] = \frac{\sqrt{V_E}}{\sqrt{S_{ii} TOL_i}} \tag{4.46}$$

が成立する。トレランスの逆数をVIF（分散拡大係数）と呼ぶ。

$$\mathrm{VIF}_i \equiv \frac{1}{TOL_i} \tag{4.47}$$

VIFは、説明変数間の相関の大きさにより偏回帰係数のばらつきがどれだけ大きくなるかを示しており、高い相関があると、VIFが大きくなり偏回帰係数が有意になりにくくなる。

# 4.11 ま と め

実務では、さまざまな局面で線形回帰モデルが利用される。しかし、データのなかに外れ値がある場合、できあがったモデルが実態を表していない場合もある。また、相関の高い説明変数を同時にモデルで利用してしまうと多重共線性という問題が生じ、見かけ上の決定係数が増大したり、説明変数の影響度を示す偏回帰係数が本来の符号と反対になることもある。線形回帰モデルは、利用しやすく、Excelの分析ツールでも簡単にモデルをつくることができる。しかし、こうした手法を使うには、事前にモデルの前提や検証方法などをきちんと把握しておく必要がある。本章では、こうした理論的な内容と利用方法について解説した。

第 **5** 章

# matplotlibを用いた
# グラフ作成

matplotlibは、Pythonでグラフを作成する際に使用するライブラリであり、2次元のグラフのほか、3次元のグラフも描画することができる。ここでは、実務でよく用いられる代表的なグラフの書き方について解説する。

matplotlibをインポートするには、

```
% matplotlib inline
```

を指定する。ここで、matplotlibを用いたグラフ作成の例を示す（プログラム・サンプル：example_5.ipynb）。

# 5.1 折れ線グラフ

```
% matplotlib inline
import matplotlib.pyplot as plt
# 折れ線グラフ
number = [1, 2, 3, 4, 5, 6, 7, 8, 9, 10]
price = [92, 106, 114, 120, 124, 128, 131, 134, 136, 138]
# グラフを書く
plt.plot(number,price)
# グラフのタイトル
plt.title('price')
# x軸のラベル
plt.xlabel('number')
# y軸のラベル
plt.ylabel('price')
# 表示する
plt.show()    Shift   Enter
```

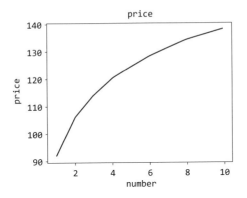

折れ線グラフにマークとグリッドを表示する。

```
# 折れ線グラフにマークとグリッドを表示
plt.plot(number, price, marker = '*')
# グラフのタイトル
plt.title('price')
# x軸のラベル
plt.xlabel('number')
# y軸のラベル
plt.ylabel('price')
# グリッドを表示する
plt.grid(True)
# 表示する
plt.show()      Shift   Enter
```

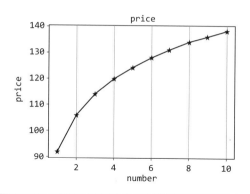

## 5.2　散布図

　変数$x$と変数$y$の系列を、独立な標準一様分布に従うと仮定し、それぞれの変数系列をNumpyを用いて100個の標準一様乱数（標準一様分布に従う乱数（バラバラな数））を作成する。標準一様分布とは、0〜1の間の数が同じ確率（割合）で発生する分布である。

　　import numpy as np

でNumpyをインポートし、np.random.rand（100）で100個の標準一様乱数を作成する。生成された散布図を確認すると、変数$x$と変数$y$のそれぞれの変数の組合せが、0〜1の範囲で全体的にプロットされているのがわかる。

```
# 散布図（標準一様乱数）
import numpy as np
x = [np.random.rand(1000)]# Numpyを利用して標準一様乱数を生成
y = [np.random.rand(1000)]
# 散布図を描画する
plt.scatter(x, y)
plt.show()   Shift   Enter
```

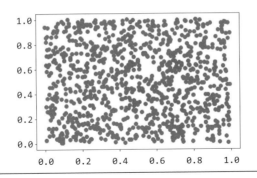

　次に、変数 $x$ と変数 $y$ の系列を、独立な標準正規分布に従うと仮定し、そ
れぞれの変数系列について、Numpyを用いて1,000個の標準正規乱数を作成
する。標準正規分布とは、平均0、分散1の左右対称な分布であり、ランダ
ムな変数の分布としてよく用いられる。

```
# 散布図（標準正規乱数）
generator = np.random.default_rng()
x = generator.normal(size=1000)    # Numpyを利用して標準正規乱
                                     数を生成
y = generator.normal(size=1000)
# 散布図を描画する
plt.scatter(x, y)
plt.show()    ( Shift )  ( Enter )
```

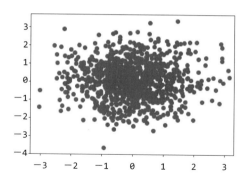

## 5.3 棒グラフ

A～Gの7個の変数の値が与えられている場合の、棒グラフ作成の例を示す。

```
# 棒グラフ
labels = ['A', 'B', 'C', 'D', 'E', 'F', 'G']
x = range(0, 7)
y = [26, 13, 36, 19, 22, 42, 34]
# 棒グラフを描画する
plt.bar(x, y, tick_label = labels)
plt.show()   [ Shift ] [ Enter ]
```

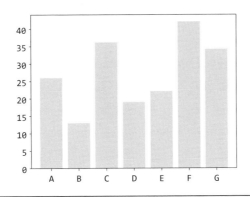

## 5.4 円グラフ

A〜Gの7個の変数の値が与えられている場合の、円グラフ作成の例を示す。円グラフでは、ラベルと値は反時計回りに指定する必要がある。また、円グラフの面積と数値は、全体に対する割合で表示される。Aのデータを強調するため、Aのデータのみ飛び出して表示するには、ex=［0, 0, 0, 0, 0, 0, 0.1］のようにAの飛び出し量を指定する。割合の桁数表示の指定は '%1.1f%%' で指定しており、1.1fで小数点1桁、1.2fで小数点2桁となる。また、startangle=90では、x軸を基準として円グラフを開始する位置を反時計回りの角度で指定する。

```
# 円グラフ
# ラベルと値は反時計回りに指定
labels = ['G', 'F', 'E', 'D', 'C', 'B', 'A']
y = [10, 20, 30, 40, 50, 60, 70]
# 円グラフからの飛び出し
ex = [0, 0, 0, 0, 0, 0, 0.1]
# 円グラフを描く
plt.pie(y, explode = ex, labels = labels, autopct = '%1.1f%%',
```

```
startangle = 90)
plt.show()    [ Shift ]  [ Enter ]
```

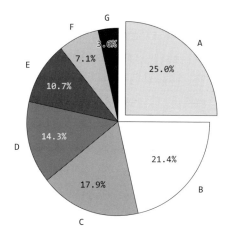

# 5.5 ま と め

　本章では、Pythonでグラフを作成するための、matplotlibの代表的な使い
方について解説した。matplotlibには、さまざまなライブラリが用意されて
いるので、目的にあったグラフを検索して利用することになる。

第 **6** 章

# 線形回帰モデルを用いた
# 為替レートの将来予測

第3章で用いたデータをそのまま利用して、線形回帰モデルを利用した機械学習によって翌日の為替レートの始値を予測するモデルを構築する。ただし、説明変数と被説明変数のデータとして為替レートのデータのみを利用しているので、両者はきわめて相関の高いデータであり、説明力も高くなることに注意する必要がある。ここでは、プログラム例としてそのまま利用する。

## 6.1　データ入力

　為替データの準備からデータの読み込みまでは、3.1節〜3.2節と同一であるので、ここでは説明を省略する（プログラム・サンプル：example_6.ipynb）。

```
from google.colab import drive  # driveのモジュールをイン
                                   ポート
drive.mount('/content/drive')    # driveのマウント
[ Shift ]  [ Enter ]
```

```
import pandas as pd     # pandasをインポートしpdと名付ける

df = pd.read_csv('drive/My Drive/exchange_rate.csv',
encoding = "shift-jis")    # My Driveに保存したcsvファイルを
                             読み込んで、データフレームに変換
df.head(5)    # 先頭から5行を表示    [ Shift ]  [ Enter ]
```

```
df.tail(5)    # 最後から5行を表示    [ Shift ]  [ Enter ]
```

## 6.2 各種ライブラリをインポートする

matplotlibは、Pythonでグラフを作成する際に使用するライブラリである。
matplotlibをインポートするには、

% matplotlib inline

を指定する。

sklearn.linear_modelから、線形回帰モデルLinearRegressionをインポートする。また、sklearn.model_selectionから、全データを訓練データと検証（テスト）データへ切り分けるプログラムtrain_test_splitをインポートする。さらに、特性を把握するためにデータを可視化するツールとして、matplotlibとseabornをインポートする。

```
# 各種ライブラリのインポート
%matplotlib inline
from sklearn.linear_model import LinearRegression
from sklearn.model_selection import train_test_split
import matplotlib.pyplot as plt
import seaborn as sns    [ Shift ]  [ Enter ]
```

## 6.3 df_exchangeファイルを作成

データフレームdfをdf_exchangeファイルにコピーした後、date（日付）を削除し、df_exchangeファイルの最後の5行を表示する。

```
# dfファイルをdf_exchangeファイルにコピー
df_exchange = df.copy()
# date（日付）を削除
del df_exchange['date']
```

```
# データの最後尾を表示
df_exchange.tail()    [ Shift ]  [ Enter ]
```

|      | topen   | open   | high    | low     | close  | volume | difference(h-1) | … |
|------|---------|--------|---------|---------|--------|--------|-----------------|---|
| 1553 | 103.630 | 103.52 | 103.775 | 103.495 | 103.65 | 6952   | 0.28            |   |
| 1554 | 103.630 | 103.63 | 103.695 | 103.485 | 103.63 | 2952   | 0.21            |   |
| 1555 | 103.800 | 103.63 | 103.910 | 103.400 | 103.78 | 23913  | 0.51            |   |
| 1556 | 103.530 | 103.80 | 103.805 | 103.455 | 103.54 | 9136   | 0.35            |   |
| 1557 | 103.195 | 103.53 | 103.600 | 102.950 | 103.20 | 34839  | 0.65            |   |

## 6.4 データ件数とデータ項目数の確認

df_exchangeファイルのデータ件数とデータ項目数を確認すると、データ件数が1,558件、データ項目数が13項目であることがわかる。

```
# データセットのサイズを確認
print(df_exchange.shape[0])    # データ件数
print(df_exchange.shape[1])    # データ項目数
[ Shift ]  [ Enter ]
```

```
1558
13
```

## 6.5 データを訓練データとテストデータに分離

train_test_splitを利用して、df_exchangeファイルのデータを訓練データとテストデータへ切り分ける。df_exchangeファイルは、時間経過とともに観測された時系列データであるが、線形回帰モデルでは被説明変数と説明変数の関係を説明するモデルであり、時系列的な特徴は反映されない。

train_data，test_data＝train_test_split(df_exchange,test_size＝0.2,random_state＝0)は、df_exchangeファイルを、train_dataとtest_dataに分割するときに、test_data に振り分けるウエイトをtest_size＝0.2で全体の2割として指定している。また、その2割の選定方法は、データからランダムに選択するが、選択されるデータは実行するたびに変わらないように、シードとして0を指定している（random_state＝0）。データからランダムに選択するというのは、乱数によってデータを選択するということを意味しているが、乱数はなんらかの数式で書かれたルールによってつくられる。その際、シードという基準値を固定すると、いつも同じ乱数が生成される。ここでは、シードとして0を指定しており、実行を繰り返しても、train_dataとtest_dataは、同じデータが選ばれることになる。もし、同じデータが選ばれなければ、実行するたびにモデルの説明力（決定係数）や（偏）回帰係数が異なる値となってしまうため、モデルのチューニングができなくなる。

```
# 訓練データとテストデータへ切り分け
train_data, test_data = train_test_split(df_exchange,test_
size = 0.2, random_state = 0)   [ Shift ]  [ Enter ]
```

分割した訓練データ（train_data）のサイズを確認する。

```
# 訓練データのサイズを確認
print(train_data.shape[0])    # データ件数
print(train_data.shape[1])    # データ項目数
[ Shift ]  [ Enter ]
```

```
1246

13
```

分割したテストデータ（test_data）のサイズを確認する。

```
# テストデータのサイズを確認
```

```
print(test_data.shape[0])     # データ件数
print(test_data.shape[1])     # データ項目数
```
[ Shift ] [ Enter ]

---

312

13

---

　訓練データの先頭から5行を表示する。訓練データは、df_exchangeファイルからランダムに選ばれているので、データの番号がバラバラになっているのがわかる。また、乱数のシードが0で固定されているので、訓練データとテストデータへ切り分けを何回実行しても、同一のデータが分類されていることも確認できる。

---

```
# 訓練データの先頭から5行を表示
train_data.head(5)     [ Shift ] [ Enter ]
```

|      | topen   | open    | high    | low     | close   | volume | difference(h-1) ··· |
|------|---------|---------|---------|---------|---------|--------|---------------------|
| 224  | 122.395 | 122.660 | 123.000 | 122.425 | 122.640 | 25658  | 0.575               |
| 302  | 113.725 | 113.595 | 114.285 | 113.290 | 113.700 | 44420  | 0.995               |
| 1108 | 110.950 | 111.180 | 111.295 | 110.830 | 110.990 | 15652  | 0.465               |
| 218  | 121.725 | 121.550 | 122.005 | 121.390 | 121.735 | 31959  | 0.615               |
| 1014 | 113.645 | 113.765 | 114.050 | 113.440 | 113.655 | 41114  | 0.610               |

---

テストデータの先頭から5行を表示

---

```
# テストデータの先頭から5行を表示
test_data.head(5)     [ Shift ] [ Enter ]
```

|      | topen   | open    | high    | low     | close   | volume | difference(h-1) ··· |
|------|---------|---------|---------|---------|---------|--------|---------------------|
| 319  | 113.395 | 113.295 | 113.700 | 113.135 | 113.470 | 33720  | 0.565               |
| 1041 | 108.680 | 108.570 | 108.760 | 108.030 | 108.715 | 31215  | 0.730               |
| 798  | 108.800 | 109.000 | 109.215 | 108.400 | 108.795 | 30106  | 0.815               |

| 579 | 111.080 | 110.615 | 111.215 | 110.190 | 111.200 | 28830 | 1.025 |
| 414 | 102.420 | 102.060 | 102.675 | 101.900 | 102.470 | 26837 | 0.775 |

## 6.6 欠損データの確認

　データに欠損値が含まれる場合、欠損がある時点のデータを分析の対象から外す場合と、なんらかの方法でデータを穴埋めする方法が考えられる。訓練データ（train_data）について、データ項目ごとにisnull()でチェックし、sum()によってその合計値を算出する。このデータの場合には、どの特徴量にもデータの欠損値は存在していないことが確認される。

```
# データ欠損値の件数確認
train_data.isnull().sum()        Shift    Enter
```

```
topen              0
open               0
high               0
low                0
close              0
volume             0
difference(h-l)    0
difference(c-o)    0
changes(o)         0
changes(h)         0
changes(l)         0
changes(c)         0
changes(v)         0
dtype: int64
```

## 6.7 相関分析

　訓練データ（train_data）について、正解（教師）データ（topen）と特徴データとの相関分析を行う。相関が高い項目ほど、教師データと強い関係性があるので、線形回帰モデルの説明変数として使われる可能性が高いと想定される。サンプル・プログラムでは、教師データとすべての特徴データの関係が散布図として示されているが、本書の散布図は、教師データ（topen）と特徴データ（open）の関係のみを例示している。

```python
# 正解データと特徴データとの相関分析
colname = train_data.columns
for name in colname:
    train_data.plot(kind = 'scatter', x = name,
    y = 'topen')
```

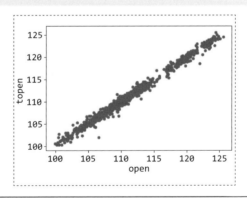

## 6.8 モデル構築用データの作成

　特徴データの項目名を、colという変数に指定する。特徴データを指定することによって、線形回帰モデルの説明変数として利用する変数を選択し、分析に用いる訓練データ（train_data2）を作成する。ここでは、まず全特

徴データを指定している。

```
# 特徴データの項目名をデータ化し、データを抽出
col = ['topen', 'open', 'high', 'low', 'close', 'volume',
 'difference(h-l)', 'difference(c-o)', 'changes(o)',
 'changes(h)', 'changes(l)', 'changes(c)', 'changes(v)']
train_data2 = train_data[col]
train_data2.head(5)
```
[ Shift ] [ Enter ]

|  | topen | open | high | low | close | volume | difference(h-l) | ⋯ |
|---|---|---|---|---|---|---|---|---|
| 224 | 122.395 | 122.660 | 123.000 | 122.425 | 122.640 | 25658 | 0.575 | |
| 302 | 113.725 | 113.595 | 114.285 | 113.290 | 113.700 | 44420 | 0.995 | |
| 1108 | 110.950 | 111.180 | 111.295 | 110.830 | 110.990 | 15652 | 0.465 | |
| 218 | 121.725 | 121.550 | 122.005 | 121.390 | 121.735 | 31959 | 0.615 | |
| 1014 | 113.645 | 113.765 | 114.050 | 113.440 | 113.655 | 41114 | 0.610 | |

## 6.9 相関行列の表示

　訓練データ（train_data2）に含まれているデータの相関関係を分析する
ために、相関行列を作成する。ここで特に重要となるのは、教師データ
（topen）と各特徴データの相関係数であり、この相関係数が高い特徴データ
ほど教師データ（topen）を説明できる可能性が高いことを示している。相
関行列の一番左側の数値列がそれを意味しているが、このなかで教師データ
（topen）と特徴データ（close）の相関係数が0.999735と最も高い数値とな
っている。これは、教師データである翌日の始値（topen）に時間的に最も
近いのは、当日の終値（close）であることから、直感的な感覚にもマッチ
している。一方、（高値−低値）などの差分データや、始値前日比などの比
率データは、教師データ（topen）との相関がきわめて低い水準となってい
ることもわかる。train_data2にあるデータ間の相関行列を求めるには、

train_data2.corr()と指定する。

```
# 相関行列の表示
train_data2.corr()    Shift    Enter
```

|  | topen | open | high | low | close | volume |
|---|---|---|---|---|---|---|
| topen | 1.000000 | 0.994338 | 0.997218 | 0.997311 | 0.999735 | 0.208654 |
| open | 0.994338 | 1.000000 | 0.997855 | 0.996053 | 0.994718 | 0.226136 |
| high | 0.997218 | 0.997855 | 1.000000 | 0.995669 | 0.997504 | 0.248259 |
| low | 0.997311 | 0.996053 | 0.995669 | 1.000000 | 0.997632 | 0.173950 |
| close | 0.999735 | 0.994718 | 0.997504 | 0.997632 | 1.000000 | 0.208456 |
| volume | 0.208654 | 0.226136 | 0.248259 | 0.173950 | 0.208456 | 1.000000 |
| difference(h-l) | 0.066231 | 0.086518 | 0.113697 | 0.020835 | 0.065874 | 0.810808 |
| difference(c-o) | 0.041090 | -0.062800 | -0.014835 | 0.003949 | 0.039970 | -0.174496 |
| changes(o) | 0.063130 | 0.063888 | 0.059327 | 0.067998 | 0.063283 | -0.074097 |
| changes(h) | 0.065401 | 0.010749 | 0.046907 | 0.042218 | 0.064598 | -0.032543 |
| changes(l) | 0.045248 | -0.016026 | 0.005185 | 0.047129 | 0.044176 | -0.308218 |
| changes(c) | 0.046948 | -0.053964 | -0.008373 | 0.011141 | 0.045716 | -0.194618 |
| changes(v) | -0.019831 | -0.015808 | -0.004427 | -0.035274 | -0.019482 | 0.341982 |

## 6.10 相関行列のグラフ（散布図）表示

訓練データ（train_data2）に含まれているデータの相関関係の特性を直感的に把握するため、グラフ（散布図）で視覚化する。seabornのpairplotを利用すると、散布図を表示することができる。対象データはtrain_data2であり、kind＝'reg'と指定すると、散布図に加え回帰直線を表示してくれる（図は省略）。

```
# 相関行列のグラフ表示
sns.pairplot(train_data2, kind = 'reg')    Shift    Enter
```

## 6.11 正解（教師）データと各特徴データとの相関係数のみを計算

教師データ（topen）と各特徴データとの相関係数のみを計算するには、topen をcorr()['topen']のかたちで指定すればよい。

```
# 正解データと特徴データとの相関
train_cor = train_data2.corr()['topen']
train_cor    Shift    Enter
```

```
topen            1.000000
open             0.994338
high             0.997218
low              0.997311
close            0.999735
volume           0.208654
difference(h-l)  0.066231
difference(c-o)  0.041090
changes(o)       0.063130
changes(h)       0.065401
changes(l)       0.045248
changes(c)       0.046948
changes(v)      -0.019831
```

## 6.12 正解（教師）データと各特徴データとの相関係数の絶対値を計算

map関数を利用して、相関係数の絶対値を求める。map関数とは、リストやタプル形式の各値に対して、指定した関数を適用できるもので、「高階関

数」とも呼ばれる。高階関数とは、関数を引数として指定できる関数のことである。たとえば、map関数の引数にabs関数（絶対値）を指定することで、リストの各値を絶対値にすることができる。

```
# 正解データと特徴データとの相関の絶対値
abs_cor = train_cor.map(abs)
abs_cor    Shift   Enter
```

| | |
|---|---|
| topen | 1.000000 |
| open | 0.994338 |
| high | 0.997218 |
| low | 0.997311 |
| close | 0.999735 |
| volume | 0.208654 |
| difference(h-l) | 0.066231 |
| difference(c-o) | 0.041090 |
| changes(o) | 0.063130 |
| changes(h) | 0.065401 |
| changes(l) | 0.045248 |
| changes(c) | 0.046948 |
| changes(v) | 0.019831 |

## 6.13 正解（教師）データと各特徴データとの 相関係数の絶対値を高い順（降順）に表示

6.12節で求めた相関係数の絶対値のデータ（abs_cor）を、相関係数の絶対値が高い順（降順）に表示する。昇順ソートの場合はsort_values(ascending = True)、降順の場合はsort_values(ascending = False) と指定する。

```
# 正解データと特徴データとの相関の絶対値の高い順に表示
abs_cor.sort_values(ascending = False)    [ Shift ] [ Enter ]
```

```
topen              1.000000
close              0.999735
low                0.997311
high               0.997218
open               0.994338
volume             0.208654
difference(h-l)    0.066231
changes(h)         0.065401
changes(o)         0.063130
changes(c)         0.046948
changes(l)         0.045248
difference(c-o)    0.041090
changes(v)         0.019831
```

## 6.14 訓練データから特徴量と 正解（教師）データの切り分け

　訓練データ（train_data2）から、特徴データの項目名をcolという変数に
指定し、リスト化することで、特徴データを x として取り出す。次に正解
（教師）データとしてtopenを指定し、 y として取り出す。

　続いて、train_test_splitを利用して、特徴データ x を訓練データ（x_
train）とテストデータ（x_test）へ切り分ける。また、正解（教師）データ
y を訓練データ（y_train）とテストデータ（y_test）へ切り分ける。

　df_exchangeファイルは、時間経過とともに観測された時系列データであ
るが、線形回帰モデルでは被説明変数と説明変数の関係を説明するモデルで

あり、時系列的な特徴は反映されない。

訓練データの正解（教師）データを出力する。

```
# 訓練データから特徴量と正解（教師データ）の切り分け
col = ['open', 'high', 'low', 'close', 'volume',
       'difference(h-l)', 'difference(c-o)', 'changes(o)',
       'changes(h)', 'changes(l)', 'changes(c)',
       'changes(v)']
x = train_data2[col]
y = train_data2[['topen']]     # リスト指定

# 訓練データと検証データに分割
x_train, x_test, y_train, y_test = train_test_split(x, y,
test_size = 0.2, random_state = 0)     Shift   Enter
```

```
# 訓練データの正解（教師データ）を出力
y_train     Shift   Enter
```

```
       topen
1347   104.455
 576   110.955
 731   114.030
 690   110.260
1239   107.850
  ⋮      ⋮
 100   121.570
 355   109.130
 850   107.285
```

144

```
382     106.640
1318    108.940
```

---

## ▌6.15　訓練データの特徴データを基準化

　訓練データ（x_train）の特徴データ x を基準化するために、sklearn.pre-processingに用意されている基準化ライブラリ（StandardScaler）をインポートして利用する。StandardScaler は、データ$X_i(t)$を以下の式で変換することで、基準化（標準化）されたデータ$\hat{X}_i$を作成する。

$$\hat{X}_i(t) = \frac{X_i(t) - \bar{X}_i}{\sigma_{x_i}} \tag{6.1}$$

$$\bar{X}_i = \frac{1}{T}\sum_{t=1}^{T}X_i(t) \tag{6.2}$$

$$\sigma_{x_i} = \sqrt{\frac{1}{T}\sum_{t=1}^{T}\{X_i(t) - \bar{X}_i\}^2} \tag{6.3}$$

　データ$X_i(t)$の平均値を$\bar{X}_i$、標準偏差を$\sigma_{x_i}$とするとき、（6.1）式によって求めた$\hat{X}_i(t)$は、平均値0、標準偏差1の分布に従う変数となる。プログラム・サンプルexample_3(1).ipynbでは、0〜1の範囲でデータを正規化するライブラリ（MinMaxScaler）を利用した。こうしたデータの変換は、データの種類により数値の単位（スケール）やばらつきが異なるデータを、同一のスケール、ばらつきにそろえることを意味し、学習データの大きさの影響を取り除いてAIの精度を上げることができる。ただし、データのなかにはばらつきが重要な場合もあり、その場合はAIの精度が落ちることがあるので注意が必要である。これを確認するには、基準化を使用したものと使用しなかったものを作成し、精度を比較することになる。sc_model_x = StandardScaler()で、sc_model_xに基準化ライブラリを指定する。fit()は、渡された訓練データ（x_train）の特徴データ x を基準化したときの統計情報を内部メモリに保存することを意味している。transform()はfit()で取得

した統計情報を使って、渡されたデータを実際に書き換える。その値をsc_x
に与えている。

```
# データの基準化
from sklearn.preprocessing import StandardScaler


sc_model_x = StandardScaler()
sc_model_x.fit(x_train)


# 各列のデータを基準化してsc_xに代入
sc_x = sc_model_x.transform(x_train)
sc_x    # 表示    [ Shift ]  [ Enter ]
```

```
array([[-1.10304291, -1.16548423, -1.26377777, ...,
         3.88164939, -2.07521599, -0.74669615],
       [-0.03520646, -0.04596975, -0.07276043, ...,
         0.17820487, -0.31870955, -0.50568   ],
       [0.40813228, 0.40727497, 0.42501906, ...,
        -0.2073092, 0.50035709, -0.49075499],
       ...,
       [-0.84450451, -0.79926249, -0.78974556, ...,
         0.09971889, 1.00913124,  0.2445476 ],
       [-1.20773276, -1.03132379, -1.2738247 , ...,
        -0.47138191, 3.20180816,  2.51803812],
       [-0.44395204, -0.50193395, -0.44632338, ...,
        -0.70365766, -0.11826692,  0.25049432]])
```

## 6.16 特徴データをデータフレームに変換し、平均値を計算

pandas のDataFrame（データフレーム）は、Excelのような2次元の表データで表され、index（行）、columns（列）、data（データの値）で構成される。なお、dataについてはvalueとする場合もある。tmp_df＝pd.DataFrame(sc_x，columns＝x_train.columns)では、pd.DataFrameが、pandasのDataFrameにより、2次元の表データを作成することを意味している。( )内のsc_xは、列の名前をcolumns＝x_train.columnsで指定することにより、x_trainに入っている先に作成した基準化後の特徴データを呼び出している。

各項目の平均値は、tmp_df.mean()で計算している。基準化した後のデータであるため、どの特徴量データも平均値が0に近い値となっている。

```
# 特徴データをデータフレームに変換し、平均値を計算
tmp_df = pd.DataFrame(sc_x, columns = x_train.columns)
    # データフレームに変換
# 平均値の計算
tmp_df.mean()      [ Shift ]  [ Enter ]
```

```
open             -2.248592e-15
high              1.526668e-15
low              -1.719285e-15
close            -3.962136e-16
volume           -3.767624e-17
difference(h-l)   1.917253e-16
difference(c-o)  -3.525181e-18
changes(o)       -2.643122e-14
changes(h)        1.464168e-14
changes(l)       -1.584030e-14
```

| | |
|---|---|
| changes(c) | 1.214871e-14 |
| changes(v) | 1.218347e-16 |

## 6.17 特徴データの標準偏差を計算

各項目の標準偏差を tmp_df.std() で計算する。基準化した後のデータであるため、どの特徴量データも標準偏差が1に近い値となっている。

```
# 特徴データの標準偏差を計算
tmp_df.std()    # 標準偏差の計算    [ Shift ]  [ Enter ]
```

| | |
|---|---|
| open | 1.000502 |
| high | 1.000502 |
| low | 1.000502 |
| close | 1.000502 |
| volume | 1.000502 |
| difference(h-l) | 1.000502 |
| difference(c-o) | 1.000502 |
| changes(o) | 1.000502 |
| changes(h) | 1.000502 |
| changes(l) | 1.000502 |
| changes(c) | 1.000502 |
| changes(v) | 1.000502 |

## 6.18 訓練データの正解（教師）データを基準化

訓練データの正解（教師）データ（y_train）を基準化し、その値をsc_y に与える。

```
# 正解データの基準化
sc_model_y = StandardScaler()
sc_model_y.fit(y_train)

sc_y = sc_model_y.transform(y_train)        [ Shift ]  [ Enter ]
```

## 6.19 回帰モデルの適用(1)

訓練データに対し、基準化した正解（教師）データ（sc_y）を$y(t)$、デー
タフレームに変換した基準化後の特徴データ（tmp_df）を$x_i(t)$とする線形
（重）回帰モデルを構築する。

$$\hat{y}(t) = \hat{a} + \hat{b}_1 \cdot x_1(t) + \hat{b}_2 \cdot x_2(t) + \cdots + \hat{b}_n \cdot x_n(t)$$

$$= \hat{a} + \sum_{i=1}^{n} \hat{b}_i \cdot x_i(t) \qquad\qquad (6.4)$$

$\hat{y}(t)$：被説明変数$y(t)$のモデルによる推定値

$\hat{a}$　　：切片項（定数）の推定値

$\hat{b}_i$　　：説明変数$x_i(t)$に掛けられる偏回帰係数（$b_i$の推定値）

線形回帰、ロジスティック回帰、一般化線形モデル、ARIMAモデル、な
どの統計モデルが含まれているパッケージ（StatsModels）をインポート
し、smと名付ける。

model = sm.OLS(sc_y, sm.add_constant(tmp_df))

sm.OLS() で最小二乗法（ordinary least square）による線形回帰モデル
を作成する。sm.add_constant(tmp_df)は（3.3）式の定数項$\hat{a}$を利用す
るということを指定している。そして、results = model.fit()でモデルを推
定し、結果をresultsに保存している。print(results.summary())は、その
結果の要約を出力するものである。なお、この段階では、12個の特徴データ
により説明されるモデルを構築している。

```
# 回帰モデルの適用(1)
import statsmodels.api as sm
# 回帰モデルの呼び出し
model = sm.OLS(sc_y,sm.add_constant(tmp_df))

# モデルの作成
results = model.fit()

# 結果の要約を表示
print(results.summary())
```
Shift  Enter

                          OLS Regression Results
==============================================================================
Dep. Variable:                      y   R-squared:                       0.999
Model:                            OLS   Adj. R-squared:                  0.999
Method:                 Least Squares   F-statistic:                 1.957e+05
Date:                Sun, 06 Feb 2022   Prob (F-statistic):               0.00
Time:                        23:32:26   Log-Likelihood:                 2368.8
No. Observations:                 996   AIC:                            -4716.
Df Residuals:                     985   BIC:                            -4662.
Df Model:                          10
Covariance Type:            nonrobust
==============================================================================
                 coef    std err          t      P>|t|      [0.025      0.975]
------------------------------------------------------------------------------
const         9.385e-16      0.001   1.31e-12      1.000      -0.001       0.001
open             0.4908      0.022     22.324      0.000       0.448       0.534
high             0.0064      0.022      0.291      0.771      -0.037       0.049
low              0.0064      0.022      0.291      0.771      -0.037       0.050
close            0.4953      0.022     22.515      0.000       0.452       0.538

| | | | | | | |
|---|---|---|---|---|---|---|
| volume | 0.0011 | 0.001 | 0.766 | 0.444 | -0.002 | 0.004 |
| difference(h-l) | 0.0002 | 0.002 | 0.121 | 0.904 | -0.003 | 0.003 |
| difference(c-o) | 0.0478 | 0.004 | 13.057 | 0.000 | 0.041 | 0.055 |
| changes(o) | -0.0005 | 0.002 | -0.279 | 0.780 | -0.004 | 0.003 |
| changes(h) | 0.0005 | 0.002 | 0.249 | 0.803 | -0.003 | 0.004 |
| changes(l) | 0.0004 | 0.002 | 0.235 | 0.814 | -0.003 | 0.003 |
| changes(c) | 0.0041 | 0.004 | 1.035 | 0.301 | -0.004 | 0.012 |
| changes(v) | -0.0004 | 0.001 | -0.479 | 0.632 | -0.002 | 0.001 |

```
==========================================================================
Omnibus:                    1257.102   Durbin-Watson:                 2.052
Prob(Omnibus):                 0.000   Jarque-Bera (JB):         468037.727
Skew:                         -6.091   Prob(JB):                       0.00
Kurtosis:                    108.497   Cond. No.                   2.85e+15
==========================================================================
```

　OLS Regression Resultsでは、12個の特徴データにより説明されるモデルの要約が示されている。モデル全体での説明力を示す決定係数（R-squared）は0.999であり、残差の99.9%が説明できるというきわめて説明力が高いモデルとなっている。（6.4）式に偏回帰係数（coef）を代入すると、明日の基準化された始値の予測値（topen）$\hat{y}(t)$は以下のモデルで推定されることになる。

$$\hat{y}(t) = 0 + 0.4908x_1(t) + 0.0064x_2(t) + 0.0064x_3(t) + 0.4953x_4(t)$$
$$+ 0.0011x_5(t) + 0.0002x_6(t) + 0.0478x_7(t) - 0.0005x_8(t)$$
$$+ 0.0005x_9(t) + 0.0004x_{10}(t) + 0.0041x_{11}(t) - 0.0004x_{12}(t)$$

　　$\hat{y}(t)$：topen（明日の始値の予測値）

　　$x_1(t)$：open（始値）

　　$x_2(t)$：high（高値）

　　$x_3(t)$：low（低値）

　　$x_4(t)$：close（終値）

　　$x_5(t)$：volume（取引量）

$x_6(t)$：difference（h-l）（高値 − 低値）

$x_7(t)$：difference（c-o）（終値 − 始値）

$x_8(t)$：changes（o）（始値前日比）

$x_9(t)$：changes（h）（高値前日比）

$x_{10}(t)$：changes（l）（低値前日比）

$x_{11}(t)$：changes（c）（終値前日比）

$x_{12}(t)$：changes（v）（取引量前日比）

　12個の特徴データの p 値を$p \leq 0.05$で判定すると （p>|t|の列）、$x_1(t)$（open）
と$x_4(t)$（close） と$x_7(t)$（difference（c-o）） 以外は、「帰無仮説$H_0：\hat{b}_i=0$」を棄
却することができない。そこで、変数減少法によりモデルの選択をすること
にする。ここでは、まず12個の特徴データでモデルを作成した。変数減少法
とは、この特徴データのなかから最も p 値が高く、 p 値の基準を0.05とした
場合には$p \geq 0.05$であるものを 1 個、特徴データから除外し、残りの11個の
特徴データでモデルを作成する。この例の場合は、$x_6(t)$（difference（h-l））
の p 値が0.904であることから、この特徴データを除外する。変数減少法
は、こうした処理を繰り返して特徴データを 1 個ずつ減少させ、残ったすべ
ての特徴データの p 値が基準（この場合は0.05で設定）を下回るようになる
まで処理を繰り返す。

# 6.20　回帰モデルの適用(2)（11個の特徴データ）

　$x_6(t)$（difference（h-l）） を除外した、11個の特徴データでモデルを構築す
る。

```
# 回帰モデルの適用( 2 )
# p値の大きいdifference(h-l)を除外
col = ['open', 'high', 'low', 'close', 'volume',
       'difference(c-o)', 'changes(o)', 'changes(h)',
       'changes(l)', 'changes(c)', 'changes(v)']
```

```
tmp_df2 = tmp_df[col]

# 回帰モデルの適用

import statsmodels.api as sm


# 回帰モデルの呼び出し

model = sm.OLS(sc_y,sm.add_constant(tmp_df2))


# モデルの作成

results = model.fit()


# 結果の詳細を表示

print(results.summary())
```
[ Shift ] [ Enter ]

```
                          OLS Regression Results
==============================================================================
Dep. Variable:                      y   R-squared:                       0.999
Model:                            OLS   Adj. R-squared:                  0.999
Method:                 Least Squares   F-statistic:                 1.957e+05
Date:                Sun, 06 Feb 2022   Prob (F-statistic):               0.00
Time:                        23:32:27   Log-Likelihood:                 2368.8
No. Observations:                 996   AIC:                            -4716.
Df Residuals:                     985   BIC:                            -4662.
Df Model:                          10
Covariance Type:            nonrobust
==============================================================================
                 coef    std err          t      P>|t|      [0.025      0.975]
------------------------------------------------------------------------------
const         9.09e-16      0.001   1.27e-12      1.000      -0.001       0.001
open            0.4908      0.022     22.324      0.000       0.448       0.534
high            0.0084      0.031      0.266      0.790      -0.053       0.070
```

| | | | | | | |
|---|---|---|---|---|---|---|
| low | 0.0044 | 0.023 | 0.194 | 0.846 | -0.040 | 0.049 |
| close | 0.4953 | 0.022 | 22.515 | 0.000 | 0.452 | 0.538 |
| volume | 0.0011 | 0.001 | 0.766 | 0.444 | -0.002 | 0.004 |
| difference(c-o) | 0.0478 | 0.004 | 13.057 | 0.000 | 0.041 | 0.055 |
| changes(o) | -0.0005 | 0.002 | -0.279 | 0.780 | -0.004 | 0.003 |
| changes(h) | 0.0005 | 0.002 | 0.249 | 0.803 | -0.003 | 0.004 |
| changes(l) | 0.0004 | 0.002 | 0.235 | 0.814 | -0.003 | 0.003 |
| changes(c) | 0.0041 | 0.004 | 1.035 | 0.301 | -0.004 | 0.012 |
| changes(v) | -0.0004 | 0.001 | -0.479 | 0.632 | -0.002 | 0.001 |

===========================================================================

| | | | |
|---|---|---|---|
| Omnibus: | 1257.102 | Durbin-Watson: | 2.052 |
| Prob(Omnibus): | 0.000 | Jarque-Bera (JB): | 468037.727 |
| Skew: | -6.091 | Prob(JB): | 0.00 |
| Kurtosis: | 108.497 | Cond. No. | 2.61e+15 |

===========================================================================

推定されたモデルは、

$$\hat{y}(t) = 0 + 0.4908x_1(t) + 0.0084x_2(t) + 0.0044x_3(t) + 0.4953x_4(t)$$
$$+ 0.0011x_5(t) + 0.0478x_7(t) - 0.0005x_8(t) + 0.0005x_9(t)$$
$$+ 0.0004x_{10}(t) + 0.0041x_{11}(t) - 0.0004x_{12}(t)$$

となる。12個の特徴データを用いたモデルと、11個の特徴データを用いたモデルとでは自由度が異なるため、決定係数（R-squared）で説明力を比較することはできない。自由度調整済決定係数（Adj. R-squared）の大きいモデル、あるいはAICの水準がより小さなモデルを選択する。

　以下、作り直したモデルにおいて、残ったすべての特徴データのp値が基準（この場合は0.05で設定）を下回るようになるまで1個ずつ特徴データを取り除くという処理を繰り返す。

## 6.21 回帰モデルの適用(3)（10個の特徴データ）

$x_3(t)$（low（低値））を除外した、10個の特徴データでモデルを構築する（プログラムと結果については省略。以下、6.27節まで同じ）。

## 6.22 回帰モデルの適用(4)（9個の特徴データ）

$x_2(t)$（high（高値））を除外した、9個の特徴データでモデルを構築する。

## 6.23 回帰モデルの適用(5)（8個の特徴データ）

$x_{12}(t)$（changes(v)取引量前日比）を除外した、8個の特徴データでモデルを構築する。

## 6.24 回帰モデルの適用(6)（7個の特徴データ）

$x_9(t)$（changes(h)高値前日比）を除外した、7個の特徴データでモデルを構築する。

## 6.25 回帰モデルの適用(7)（6個の特徴データ）

$x_8(t)$（changes(o)始値前日比）を除外した、6個の特徴データでモデルを構築する。

## 6.26 回帰モデルの適用(8)（5個の特徴データ）

$x_{10}(t)$（changes(1)低値前日比）を除外した、5個の特徴データでモデルを構築する。

# 6.27 回帰モデルの適用(9)（4個の特徴データ）

$x_{11}(t)$（changes(c) 終値前日比）を除外した、4個の特徴データでモデルを構築する。

# 6.28 回帰モデルの適用(10)（3個の特徴データ）

$x_5(t)$（volume（取引量））を除外した、3個の特徴データでモデルを構築する。

```
# 回帰モデルの適用(10)
# p値の大きいvolumeを除外
col = ['open', 'close', 'difference(c-o)']
tmp_df2 = tmp_df[col]


# 回帰モデルの適用
import statsmodels.api as sm


# 回帰モデルの呼び出し
model = sm.OLS(sc_y,sm.add_constant(tmp_df2))


# モデルの作成
results = model.fit()


# 結果の詳細を表示
print(results.summary())
```
`Shift` `Enter`

```
                      OLS Regression Results
==============================================================================
Dep. Variable:                y   R-squared:                      0.999
```

```
Model:                      OLS   Adj. R-squared:             0.999
Method:           Least Squares   F-statistic:            9.824e+05
Date:         Sun, 06 Feb 2022   Prob (F-statistic):          0.00
Time:                 23:32:35   Log-Likelihood:            2366.9
No. Observations:          996   AIC:                       -4728.
Df Residuals:              993   BIC:                       -4713.
Df Model:                    2
Covariance Type:     nonrobust
==============================================================================
                 coef  std err          t    P>|t|    [0.025    0.975]
------------------------------------------------------------------------------
const        -3.261e-16    0.001   -4.57e-13    1.000    -0.001    0.001
open             0.4972    0.000   1383.709    0.000     0.496     0.498
close            0.5021    0.000   1400.529    0.000     0.501     0.503
difference(c-o)  0.0521    0.001     73.418    0.000     0.051     0.053
==============================================================================
Omnibus:                1246.718   Durbin-Watson:              2.047
Prob(Omnibus):             0.000   Jarque-Bera (JB):      460445.966
Skew:                     -5.995   Prob(JB):                    0.00
Kurtosis:                107.649   Cond. No.                1.74e+15
==============================================================================
```

3 個の特徴データで説明するモデルは、

$$\hat{y}(t) = 0 + 0.4972 x_1(t) + 0.5021 x_4(t) + 0.0521 x_7(t)$$

$\hat{y}(t)$：topen（明日の始値の予測値）

$x_1(t)$：open（始値）

$x_4(t)$：close（終値）

$x_7(t)$：difference(c-o)（終値 − 始値）

となり、モデル全体での説明力を示す自由度調整済決定係数（R-squared）は0.999となっている。また、12個の特徴データで説明するモデルのAICは-4716であったのに対し、3個の特徴データで説明するモデルのAICは-4728

であり、3個の特徴データで説明するモデルのほうがAICで比較する限り若干ではあるが説明力が高くなっているのがわかる。また、すべての特徴量のp値は0.000となっており、「帰無仮説$H_0 : \hat{b}_i = 0$」が棄却される。

この例に示すように、翌日の為替レートの始値を、当日までの為替レートに関する特徴データで説明する線形回帰モデルは、きわめて高い説明力をもっていることがわかる。

# 6.29 モデルに利用した正解データと特徴データの関係分析

3個の特徴データによる回帰モデルで利用した、特徴データと正解（教師）データの関係について分析する。

ここでは、seabornのpairplot関数を利用し、各特徴データ間のペアプロット図（散布図）を作成する。なお、対角線の場所には各特徴データの分布（ヒストグラム）が配置される。

sns.pairplot(train_data2, kind = 'reg', vars = ['topen', 'open', 'close', 'difference(c-o)'])のsnsはseabornの略記であり、第1引数にpandas.DataFrameであるtrain_data2を指定している。第2引数にkind = 'reg'を指定すると散布図に線形回帰の回帰直線が重ねてプロットされる。第3引数に、vars = ['topen', 'open', 'close', 'difference(c-o)']と、散布図で表示するデータ項目を指定する。

正解（教師）データとなる明日の始値の予測値（topen）の分布をみてみると、およそ110円を中心とする山と、およそ120円を中心とする山が2つある分布となっていることがわかる。これは、過去において為替レートに構造変化が起き、水準が10円ほど変化していることを示している。また、$x_7(t)$：difference(c-o)（終値−始値）の分布に−4円ほどの点が2点存在している。これは、為替レートの始値に対し終値が4円ほど小さくなったこと、すなわち、1日のうちに4円ほど円高となった日がデータのなかに2点存在していることを意味している。

```
# モデルに利用した正解データと特徴量の関係分析
sns.pairplot(train_data2, kind = 'reg', vars = ['topen',
'open', 'close', 'difference(c-o)'])
```
[ Shift ] [ Enter ]

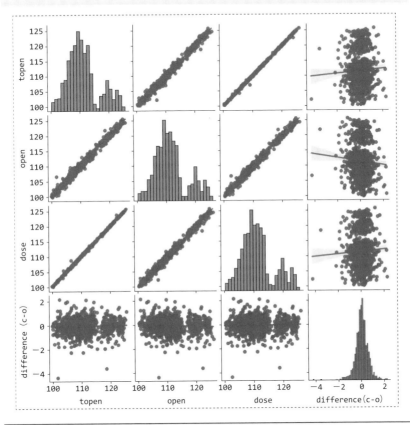

## 6.30 多重共線性の確認とモデルの修正

　重回帰モデルでは、モデルに利用する説明変数のなかに、強い相関がある変数を同時に入れてはいけないという性質があった。ここでは、6.9節の相関行列で示した$x_1(t)$(open（始値）) と$x_4(t)$(close（終値）) の相関係数が

0.994718ときわめて高いので、共線性があると判断し、どちらかの変数を除外することにする。正解（教師）データとなる明日の始値$y(t)$（topen）と$x_1$$(t)$（open（始値））との相関係数は0.994338、正解（教師）データとなる明日の始値$y(t)$（topen）と$x_4(t)$（close（終値））との相関係数は　0.999735となっていて、正解（教師）データとなる明日の始値$y(t)$（topen）と$x_4(t)$（close（終値））の相関係数のほうが高い。したがって、$x_1(t)$（open（始値））を除外した2個の特徴データでモデルを構築する。

```python
# 回帰モデルの適用(11)
# 多重共線性対応としてopenを除外
col = ['close', 'difference(c-o)']
tmp_df2 = tmp_df[col]


# 回帰モデルの適用
import statsmodels.api as sm


# 回帰モデルの呼び出し
model = sm.OLS(sc_y,sm.add_constant(tmp_df2))


# モデルの作成
results = model.fit()


# 結果の詳細を表示
print(results.summary())
```

Shift   Enter

```
                          OLS Regression Results
========================================================================
Dep. Variable:                   y    R-squared:                  0.999
Model:                         OLS    Adj. R-squared:             0.999
Method:              Least Squares    F-statistic:            9.824e+05
```

```
Date:               Sun, 06 Feb 2022   Prob (F-statistic):          0.00

Time:                   23:32:52       Log-Likelihood:             2366.9

No. Observations:            996       AIC:                        -4728.

Df Residuals:                993       BIC:                        -4713.

Df Model:                      2

Covariance Type:          nonrobust

=============================================================================

                    coef   std err        t     P>|t|    [0.025   0.975]

-----------------------------------------------------------------------------

const          -3.704e-16    0.001  -5.19e-13   1.000   -0.001    0.001

close              0.9997    0.001   1399.184   0.000    0.998    1.001

difference(c-o)    0.0016    0.001      2.173   0.030    0.000    0.003

=============================================================================

Omnibus:                1246.718      Durbin-Watson:                2.047

Prob(Omnibus):             0.000      Jarque-Bera (JB):        460445.966

Skew:                     -5.995      Prob(JB):                      0.00

Kurtosis:                107.649      Cond. No.                      1.06

=============================================================================
```

　2個の特徴データで説明するモデルは、

$$\hat{y}(t) = 0 + 0.9997 x_4(t) + 0.0016 x_7(t)$$

$\quad\quad \hat{y}(t)$：明日の始値の予測値（topen）

$\quad\quad x_4(t)$：close（終値）

$\quad\quad x_7(t)$：difference(c-o)（終値 − 始値）

となり、モデル全体での説明力を示す自由度調整済決定係数（R-squared）
は0.999となっている。また、2個の特徴データで説明するモデルのAICは
-4728であり、3個の特徴データで説明するモデルと比較すると、自由度調
整済決定係数（R-squared）もAICも同じ水準となっている。さらに、すべ
ての特徴量のp値は0.030以下となっており、「帰無仮説$H_0：b_i=0$」が棄却さ
れる。

# 6.31 線形モデルの関数化

　上記の分析手順を、learnという関数で定義する。def learn(x，y)で、learn関数を定義するが、引数は x と y の2つである。x と y は、それぞれ特徴データ、教師データを意味している。

① 訓練データと検証データに分割

　6.5節で示した方法と同様に、train_test_splitを利用して、x，y のデータを訓練データとテストデータへ切り分ける。

> x_train，x_test，y_train，y_test = train_test_split(x，y，test_size = 0.2，random_state = 0)

は、x を x_trainと x_testに、y を y_trainと y_testに分割するときに、検証データ（x_test，y_test）に振り分けるウエイトをtest_size = 0.2で全体の2割として指定している。また、その2割の選定方法は、データからランダムに選択するが、選択されるデータは実行するたびに変わらないように、シードとして0を指定している（random_state = 0）。

② 訓練データを標準化

　6.15節と同様に、訓練データの特徴データ（x_train）と教師データ（y_train）を、sklearn.preprocessingに用意されている基準化ライブラリ（StandardScaler）によって基準化（標準化）する。まず、

> sc_model_x = StandardScaler()

> sc_model_y = StandardScaler()

によって、sc_model_xと、sc_model_yに基準化ライブラリを指定する。fit()は、渡された訓練データ（x_train）の特徴データ x を基準化したときの統計情報を内部メモリに保存することを意味している。また、transform()はfit()で取得した統計情報を使って、渡されたデータを実際に書き換え、その値をsc_x_trainに与えている。同様に、正解（教師）データを基準化したものをsc_y_trainに与えている。

> sc_model_x.fit(x_train)

> sc_x_train = sc_model_x.transform(x_train)

sc_model_y.fit(y_train)

　　sc_ y _train = sc_model_y.transform(y_train)

③　線形回帰モデルを適用して学習

　model = LinearRegression()により、利用するモデルとして線形回帰モデルを指定する。線形回帰モデルの目的変数（被説明変数）として基準化した正解（教師）データ（sc_y_train）を、説明変数として基準化した特徴データ（sc_x_train）を指定して、線形回帰モデルに適用する。

　　model.fit(sc_x_train, sc_y_train)

④　検証データを基準化

　検証データを基準化する際に注意すべき点は、訓練データと独立して基準化してしまうと、検証データと訓練データの数値のスケールが異なってしまうという点である。したがって、訓練データに対して基準化したルール、つまり訓練データについて求めた（6.1）式～（6.3）式を検証データに適用して基準化する必要がある。「②訓練データを標準化」で求めた、訓練データに対するfit()で取得した統計情報を使って、検証データの特徴データ（x_test）と正解（教師）データ（y_test）を基準化する。

　　sc_x_test = sc_model_x.transform(x_test)

　　sc_y_test = sc_model_y.transform(y_test)

⑤　訓練データと検証データの決定係数計算

　訓練データに線形回帰モデルを当てはめた場合の決定係数を、

　　model.score(sc_x_train, sc_y_train)

で、検証データに線形回帰モデルを当てはめた場合の決定係数を、

　　test_score = model.score(sc_x_test, sc_y_test)

で計算し、それらの値を関数の戻り値として指定する。

　　return train_score, test_score

```
# learn関数の定義
def learn(x, y):
    # 訓練データと検証データに分割
```

```
x_train, x_test, y_train, y_test = train_test_split(x, y,
test_size = 0.2, random_state = 0)
# 訓練データを基準化
sc_model_x = StandardScaler()
sc_model_y = StandardScaler()
sc_model_x.fit(x_train)
sc_x_train = sc_model_x.transform(x_train)
sc_model_y.fit(y_train)
sc_y_train = sc_model_y.transform(y_train)
# 学習
model = LinearRegression()
model.fit(sc_x_train, sc_y_train)
# 検証データを基準化
sc_x_test = sc_model_x.transform(x_test)
sc_y_test = sc_model_y.transform(y_test)
# 訓練データと検証データの決定係数計算
train_score = model.score(sc_x_train, sc_y_train)
test_score = model.score(sc_x_test, sc_y_test)
return train_score, test_score      [ Shift ] [ Enter ]
```

## 6.32 回帰モデルの適用

　先にlearn関数を定義したが、このlearn関数に特徴データと正解（教師）データを引き渡し、訓練データで作成した線形回帰モデルの決定係数と、検証データで作成した線形回帰モデルの決定係数を受け取る。loc関数は、行と列のラベル名を指定して１つの要素、もしくは範囲を指定して複数の要素を参照する。

　x = train_data.loc[:, ['close', 'difference(c-o)']]

は、train_dataからloc関数を利用して「:,」で全行を、['close', 'difference (c-o)']で参照する列（項目名）を指定して取り出し、特徴データの引数となるxに引き渡している。また、正解（教師）データについては、'topen'のみが対象となるため、

　　y = train_data[['topen']]

で正解（教師）データの引数となるyに引き渡している。

　learn(x, y)によって、learn関数にx, yのデータが引数として引き渡されると、同関数は、訓練データに線形回帰モデルを当てはめた場合の決定係数train_scoreと、検証データに線形回帰モデルを当てはめた場合の決定係数test_scoreを計算し、それらをs1, s2に与える。

　　s1, s2 = learn(x, y)

そして、print(s1, s2)により結果をプリントする。

```
# 回帰モデルの適用
x = train_data.loc[:, ['close', 'difference(c-o)']]
y = train_data[['topen']]
s1,s2 = learn(x, y)
print(s1, s2)
```

```
0.9994948503119836    0.9993587178273945
```

　この結果をみると、訓練データに線形回帰モデルを当てはめた場合の決定係数は0.9994948503119836、検証データに線形回帰モデルを当てはめた場合の決定係数は0.9993587178273945となっている。

## 6.33　散布図とヒストグラムの出力

　明日の為替の始値の予測値（topen）$\hat{y}(t)$を、本日のclose（終値）$x_4(t)$とdifference(c-o)（終値 − 始値）$x_7(t)$によって説明するモデルを構築したが、これらの変数の関係を可視化して特性を把握するために、散布図とヒストグ

ラムを作成する。可視化ツールとしてよく使われるものとして、matplotlib
とseabornがある。import matplotlib.pyplot as pltにより、matplotlibの
pyplotをインポートし、これをpltと略記する。また、import seaborn as sns
によりseaborn をインポートし、snsと略記する。

　%matplotlib inlineを指定してグラフを作成すると、アウトプットの覧に
図が出力されるようになる。また、%matplotlib inlineを指定するとplt.
show（）を省略してもグラフが出力される。ただ、plt.show（）を省略する
とアウトプット行にオブジェクトの場所が出力される。

　jointplotは、散布図とヒストグラムを同時に出力するものであり、sns.
jointplot（'close'，'topen'，data=train_data）により、訓練データ（train_
data）にある、close（終値）データをx軸、明日の始値（topen）をy軸と
する、散布図とヒストグラムを出力する。

```
import matplotlib.pyplot as plt
import seaborn as sns
%matplotlib inline
sns.jointplot('close', 'topen', data = train_data)
```
[ Shift ]　[ Enter ]

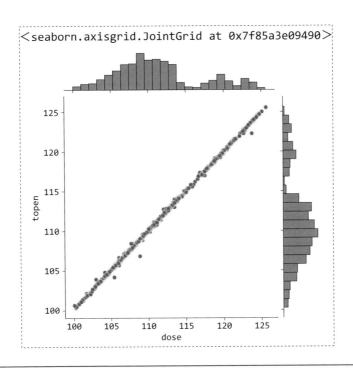

<seaborn.axisgrid.JointGrid at 0x7f85a3e09490>

同様に、sns.jointplot（'difference（c-o）', 'topen', data=train_data）により、訓練データ（train_data）にある、difference(c-o)（終値−始値）データをx軸、明日の始値（topen）をy軸とする、散布図とヒストグラムを出力する。

```
%matplotlib inline
sns.jointplot('difference(c-o)', 'topen', data = train_data)
```
〔Shift〕〔Enter〕

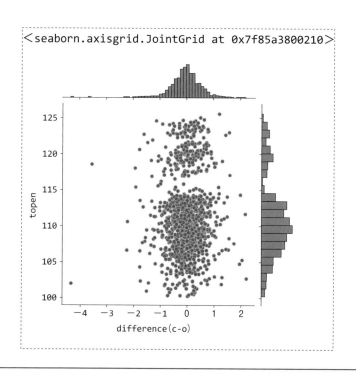

＜seaborn.axisgrid.JointGrid at 0x7f85a3800210＞

## 6.34 相互作用特徴量（交差項）の作成

相互作用特徴量（交差項）とは、特徴量同士を組み合わせて作成した新しい特徴量のことであり、それにより説明力を高めることができる可能性もある。

ここでは、difference(h-l)（高値－低値）$x_6(t)$とchanges(v)（取引量前日比）$x_{12}(t)$の積を、新しい特徴量（difference(h-l)*changes）として追加する。

x = train_data.loc[:, ['close', 'difference(c-o)', 'difference(h-l)', 'changes(v)']]

は、train_dataからloc関数を利用して「:,」で全行を、['close', 'difference(c-o)', 'difference(h-l)', 'changes(v)'] で参照する列（項目名）を指定して取り出し、特徴データの引数となる x に引き渡している。

次に、相互作用特徴量（交差項）を、difference(h-l)$x_6(t)$×changes(v)$x_{12}(t)$ で計算し、先頭の5行を表示する。

x ['difference(h-l)*changes'] = x['difference(h-l)'] * x['changes(v)']

```
# 交差項の作成
x = train_data.loc[ :, ['close', 'difference(c-o)',
    'difference(h-l)', 'changes(v)']]
x['difference(h-l)*changes'] = x['difference(h-l)']
                               * x['changes(v)']

x.head( 5 )    [ Shift ]  [ Enter ]
```

|      | close   | difference(c-o) | difference(h-l) | changes(v) | difference(h-l)*changes |
|------|---------|-----------------|-----------------|------------|-------------------------|
| 224  | 122.640 | -0.020          | 0.575           | 0.897572   | 0.516104                |
| 302  | 113.700 | 0.105           | 0.995           | 0.930613   | 0.925960                |
| 1108 | 110.990 | -0.190          | 0.465           | 1.149024   | 0.534296                |
| 218  | 121.735 | 0.185           | 0.615           | 0.789209   | 0.485363                |
| 1014 | 113.655 | -0.110          | 0.610           | 1.501772   | 0.916081                |

## 6.35 線形回帰モデルの適用と決定係数の出力

相互作用特徴量（交差項）（difference(h-l)$x_6(t)$×changes(v)$x_{12}(t)$）を、先の2個の特徴データに加えたモデルを作成する。

$$\hat{y}(t) = \hat{a} + \hat{b}_4 \cdot x_4(t) + \hat{b}_7 \cdot x_7(t) + \hat{b}_{13} \cdot x_6(t) \cdot x_{12}(t)$$

x = x.loc[:, ['close', 'difference(c-o)', 'difference(h-l)*changes']]

は、train_dataからloc関数を利用して「:,」で全行を、['close', 'difference(c-o)', 'difference(h-l)*changes']で参照する列（項目名）を指定して取り出し、特徴データの引数となるxに引き渡している。また、正解（教師）データについては、'topen'のみが対象となるため、

y = train_data[['topen']]

で正解（教師）データの引数となるyに引き渡している。

learn(x, y)によって、learn関数にx, yのデータが引数として引き渡されると、同関数は、訓練データに線形回帰モデルを当てはめた場合の決定係数train_scoreと、検証データに線形回帰モデルを当てはめた場合の決定係数test_scoreを計算し、それらをs1, s2に与える。

```
# 回帰モデルの適用
x = x.loc[:,['close', 'difference(c-o)',
    'difference(h-1)*changes']]
y = train_data[['topen']]
s1,s2 = learn(x, y)
print(s1, s2)

0.999494877889082    0.9993587072459824
```

## 6.36 ま と め

本章では、為替データのみを用い、本日の為替データから、明日の為替レートの始値を予測する線形回帰モデルを構築した。線形回帰モデルは変数間の関係を線形式で推定したものである。線形回帰モデルも、利用するデータをもとにした推定であるため、そのデータの特性を説明するものとなる。したがって、時系列データの場合は、過去の局面（経済、政策、紛争など）を説明するモデルとなり、こうした構造が変化した場合には予測がむずかしくなるということに留意する必要がある。

# 事 項 索 引

172

## Pythonで学ぶビジネスデータの予測モデル

2022年9月20日　第1刷発行

著　者　青　沼　君　明
発行者　加　藤　一　浩

〒160-8520　東京都新宿区南元町19
発　行　所　一般社団法人 金融財政事情研究会
企画・制作・販売　株式会社きんざい
出 版 部　TEL 03(3355)2251　FAX 03(3357)7416
販売受付　TEL 03(3358)2891　FAX 03(3358)0037
URL https://www.kinzai.jp/

校正：株式会社友人社／印刷：三松堂株式会社

ISBN978-4-322-14164-1